DIE EUROPÄISCHE TRAGÖDIE

DIE EUROPÄISCHE TRAGÖDIE

Die USA im Ersten Weltkrieg

PREUSSISCHER „MILITARISMUS“

Abschreckung als friedenserhaltende Militärdoktrin

ANMERKUNGEN ZUM DEUTSCHEN KAISERREICH 1871–1918

PREUSSISCHE BILDUNGSPOLITIK

Friedrich Althoff

Meinem Großvater
Bruno Pozdziech
1877–1968

Bruno Pozdziech
Hauptmann

Dr. David Levinsohn
Leutnant

Königsberg 1916

Einführung

„Unsere Seele beugt und schmiegt sich gar zu gern auf guten Glauben" – schrieb Michel de Montaigne 1580 in einem seiner „Essais" – „sie folgt gar zu gern den Pfaden anderer, wie eine Gefangene dem Willen und Ansehen derjenigen hingegeben, die sich ihr als Lehrer und Führer aufdrängen". Ein kritischer Leser, der sich in den Büchern zeitgenössischer Historiker zu Fragen unserer Geschichte informiert, wird dem großen französischen Philosophen Recht geben. Er entdeckt nämlich bald und gar zu oft, daß er sich auf ausgetretenen Pfaden bewegt und sich „wie ein Gefangener dem Willen und Ansehen der Lehrer und Führer" zu folgen genötigt sieht.

Schon in der Blütezeit der deutschen Geschichtswissenschaft vor dem Ersten Weltkrieg war es für den einzelnen Historiker nicht leicht, gewohnte Pfade zu verlassen, heute würde man sagen, gegen die „political correctness" anzuschreiben. So hat im Jahre 1878 der Bankier und Jurist Friedrich Kapp, der sich auch als Historiker einen Namen gemacht hatte, in einem Brief an seine Freunde darauf hingewiesen, daß sich Historiker zu allererst ein umfassendes und genaues Bild von den Mitteln verschaffen müßten, mit denen ein Staat zusammengehalten werde. Leider fühlten sich manche Historiker auch ohne diese Kenntnisse dem Rest der Welt schon dann überlegen, wenn sie „eine alte Kruste oder Scharteke in einem Archiv gefunden haben und nun glauben, damit den

Stein der Weisen entdeckt zu haben". Ähnlich äußerte sich Jacob Burckhardt im Jahre 1871 in seinen Notizen über das „Glück und Unglück in der Weltgeschichte": „Wer ist es, der die geschichtlichen Urteile fällt? Es ist eine Art von literarischem Konsensus, allmählich angehäuft aus Raisonnements der Aufklärung aus den wahren oder vermeinten Resultaten einer Anzahl vielgelesener Historiker. Doch verbreiten sich diese Urteile nicht absichtslos, sondern sie werden oft publizistisch verbraucht zu Beweisen für oder gegen bestimmte Richtungen der Gegenwart. Sie gehören mit zu dem umständlichen Gepäck der öffentlichen Meinung. Sie sind Todfeinde der wahren geschichtlichen Erkenntnis."

Beide Sentenzen gehören zu den bevorzugten Zitaten meines Schulfreundes Ehrhardt Bödecker, der sich als Jurist neben seiner Tätigkeit als Bankier zeitlebens mit Fragen der deutschen Geschichte vorwiegend des 19. und 20. Jahrhunderts beschäftigt hat. Das begann schon auf dem Arndt-Gymnasium in Berlin-Dahlem, wo wir von 1935 bis 1942 sieben Jahre gemeinsam die Schulbank gedrückt haben. Ein Schlüsselerlebnis in seiner Biographie geschah im April 1942. Unser Deutsch- und Geschichtslehrer Professor Dr. Karl Kappus war ein älterer, liberaler und verständnisvoller Pädagoge und Philologe, der mehr als ein Dutzend Sprachen in Wort und Schrift beherrschte. Er war die klassische Verkörperung eines toleranten Gelehrten im Humboldtschen Bildungssystem der Vorkriegszeit und hatte uns die Wahl des Themas für den Jahresschlußaufsatz freigestellt.

Bödecker war der einzige unter zwanzig Mitschülern, der sich für das neben drei literarisch-schöngeistigen Sujets zur Wahl gestellte politisch-zeitgeschichtliche Thema entschied. Es lautete: „Gedanken zum Fall Singapurs“. Bödecker stellte in seiner Arbeit zunächst die in jenen Wochen aktuellen „welthistorischen“ Ereignisse in chronologischer Reihenfolge dar: der rasante Vorstoß der seit 1940 mit Hitler-Deutschland im Dreierpakt Deutschland-Italien-Japan verbündeten Japaner entlang der Ostküste des asiatischen Kontinents, die Eroberung des britischen Flottenstützpunkts Singapur tief im Süden am 15. Februar 1942, die Besetzung von Manila und der amerikanischen Kolonie der Philippinen sowie von Niederländisch-Indien. Der Siegeszug der fernöstlichen Supermacht war nach Auffassung der nationalsozialistischen Propaganda der Auftakt zu der von Hitler erstrebten „welthistorischen“ Wende. Bödeckers Resümee seiner Darstellung jedoch lautete ganz unerwartet. Es war ein rhetorischer Fragesatz, mit dem er seinen Aufsatz schloß: ob denn der japanische Siegeszug nicht nur als Triumph der Achsenmächte anzusehen sei, sondern auch als das Ende des Einflusses des „weißen Mannes“, gemeint waren die europäischen Mächte, in Ostasien. Könnte der Fall Singapurs nicht das Symbol sein für das Entstehen eines asiatischen Selbstbewußtseins und für die Erweckung bisher schlummernder Kräfte, die von den europäischen Mächten weitgehend unterdrückt worden seien? Das war, die Klasse spürte es, eine Sicht contre coeur der siegestrunkenen offiziellen Meinung im damaligen Deutschland. Aber sie war nach dem Herzen von Professor Kappus. Er verlas Bödeckers Aufsatz, kommentierte ihn als eine hervorragende selbständige Leistung, anerkannte die freimütige Meinungsäußerung des erst siebzehnjährigen Autors und gab ihm die begehrte Note „sehr gut“.

Ehrhardt Bödecker wurde am 21. April 1925 in Zwickau in Sachsen geboren. Seit 1956 glücklich verheiratet. Vierfacher Großvater. Sein Vater stammte aus dem sächsischen Bildungsbürgertum, seine Mutter aus einer ostpreußischen Rittergutsfamilie. Sachsens Witz, Sachsens Probier- und Erfindungslust, preußischer Patriotismus und preußischer Mut zur Verantwortung waren ihm als familiäre Mitgift in die Wiege gelegt worden. Unter seinen nahen und entfernteren Verwandten waren Offiziere, Unternehmer, Landwirte, Architekten, Juristen und Ärzte. Von ihnen empfing er die Maßstäbe, ohne die ein erfolgreiches Leben schwerlich gelingt. Im Krieg als Flugzeugführer ausgebildet, wurde er wegen des zum Ende des Krieges bestehenden Benzinmangels in einer Fallschirmjägerdivision als Infanterist eingesetzt. Nach Ausheilung seiner schweren Verwundung kehrte er nach Berlin zurück, nahm hier das juristische und im Nebenfach das historische Studium auf und gehörte für 12 Monate zu den ersten Austauschstudenten nach dem Krieg in den USA. 1955 Assessorexamen, danach Richter an einem Amtsgericht und am Verwaltungsgericht in Berlin. 1957 Wechsel zu einer Berliner Privatbank, die er 1966 nach dem plötzlichen Tod des Gründers in alleiniger Verantwortung und mit voller persönlicher Haftung übernahm. Im Jahre 1995 zog er sich als erfolgreicher und angesehener Bankier aus der aktiven Unternehmensleitung in den Aufsichtsrat zurück.

Staaten zu lenken ist ebenso aktives Handeln wie ein Unternehmen zu führen. Bödecker hält Akten- und Quellenstudium nicht für überflüssig, aber er hat als jemand, der selbst Entscheidungen treffen mußte, zu den Motiven, Anstößen, Nöten und Ängsten einer handelnden Person eine andere Einstellung als ein kontemplativer Historiker, dessen Literatur- und Quellenkenntnisse häufig so umfangreich sind, daß sein Einfühlungsvermögen und seine Fähigkeit, politische Zwänge und Motive staatlichen Handelns zu bewerten, davon beeinträchtigt werden.

Die hier vorgelegten Essays stellen überarbeitete und ergänzte Fassungen von Vorträgen dar, die Bödecker in den Jahren 1978, 1981, 1984 und 1995 gehalten hat. „Die Europäische Tragödie“ beruht auf einem Vortrag aus dem Jahre 1978 unter dem Titel „Ungehörige Gedanken zum 6. April 1917“. Der zweite Essay über den Militarismus gründet sich auf einen Vortrag aus dem Jahre 1995, und der Vortrag „Anmerkungen zum Kaiserreich“ wurde 1981 zum ersten Mal gehalten. Zum Jubiläum der Landesrentenbank sprach Bödecker 1984 über „Friedrich Althoff“. Daß er mit seinen Aufsätzen an Tabus rührt, ist ihm bewußt. Bödecker empfindet „Gram in seinem Herzen“ über die teleologische Betrachtung der deutschen Geschichte, so als wenn alles nur auf den Judenmord zugelaufen sei. Deshalb bewundert er Thomas Nipperdey, der sein Gelehrtenleben bis zur letzten Stunde der Aufgabe einer vorurteilsfreien Geschichtsschreibung gewidmet hat. Die Vereinigung Deutschlands noch kurz vor seinem Tode erlebt zu haben, betrachtete Nipperdey als ein unverhofftes Glück. Der andere Gelehrte, den Bödecker besonders schätzt, ist, neben Andreas Hillgruber, Professor Dr. David Nachmansohn aus New York, das letzte Mitglied der Kaiser-Wilhelm-Gesellschaft jüdischen Glaubens. In hohem Alter, wenige Jahre vor seinem Tod, hat er 1979 noch ein spannendes Buch über die großartigen Leistungen der deutschen Wissenschaft vor und nach dem Ersten Weltkrieg geschrieben. Diese Hommage an seine deutschen Kollegen fand in jüdischen Kreisen der USA keine ungeteilte Zustimmung, zumal da Nachmansohn das Deutsche Reich als das „unbestritten führende Land der Wissenschaft in der Welt“ beschrieb.

Hans-Joachim Knaute

I.
DIE EUROPÄISCHE TRAGÖDIE
Die USA im Ersten Weltkrieg

Antiquiertes Denken der alliierten Staatsmänner

Es war die „Große Tragödie“ des 20. Jahrhunderts, „The great seminal catastrophe of this century“ (George F. Kennan), Europas Selbstzerstörung und Selbstentmachtung: gemeint ist der Weltkrieg von 1914 bis 1918, in dem die beteiligten Länder 9 Millionen ihrer Söhne geopfert haben. 20 Millionen wurden verwundet, 6 Millionen von ihnen konnten nur als Krüppel weiterleben. Europa verlor seine tausendjährige Rolle als politisches und wirtschaftliches Zentrum der Welt. Historiker aller Länder fragten und fragen bis heute nach den Ursachen, nach Schuld und Verantwortung. Kein historisches Thema hat in der Fachwelt, in der Publizistik und in der Öffentlichkeit in den letzten 50 Jahren soviel Leidenschaften geweckt wie diese Frage. Literatur und Meinungen sind nicht mehr zu überblicken.

Das Odium der Schuld hat Deutschland als besiegtes Land in einem von den Siegermächten diktierten Frieden auf sich nehmen müssen. Dafür hat Europa ein zweites Mal bitter bezahlt. Nur Deutschland hätte die Kraft und die Fähigkeit gehabt, die sich in den beiden letzten Vorkriegsjahrzehnten anbahnende, über die Grenzen der Nationalstaaten hinausreichende europäische Zusammenarbeit von Wirtschaft, Wissenschaft und Technik auszubauen und voranzutreiben, womit der alte Kontinent sich unter Bewahrung seiner dominierenden Stellung gegenüber den neu entstehenden Zentren in

Amerika und Asien hätte erfolgreich behaupten können. Diese Erkenntnis war in der deutschen Wirtschaft weit verbreitet; sie wurde von den Memorandenverfassern in London und den Männern um Wilson als Hegemoniestreben diskreditiert, eine Auffassung, der viele deutsche Historiker nach 1945 gefolgt sind, um den Anschluß an die Geschichtsdeutungen der anglo-amerikanischen Sieger nicht zu versäumen. Als wenn es ein Zeichen von wissenschaftlicher Qualität der deutschen Nachkriegshistoriographie sei, wies der Historiker Michael Stürmer im Jahre 1977 mit spürbarer Genugtuung auf die Feststellungen der amerikanischen und englischen Fachzeitschriften hin, „daß in der Beurteilung des kaiserlichen Deutschland deutsche Historiker kaum noch prinzipiell andere Schlußfolgerungen entwickelten als ihre angelsächsischen Kollegen". Die Anpassung an die Sieger, die für sich schon seit altersher das Recht beanspruchen, die Geschichte der Besiegten umzuschreiben, ist eine Erscheinung, die von den Franzosen mit „la victoire fait des prisonniers" beschrieben wird. Der Beitritt zum Siegertum gewährt dem Besiegten Prestige. Auch Goethe kannte dieses Phänomen, wenn er in „Reineke Fuchs" über die Besiegten urteilt: „Ein jeglicher wollte als nächster neben dem Sieger sich blähen." Die Distanzierung von der deutschen Geschichte der letzten 150 Jahre war der überzeugendste Beweis der inneren demokratischen Läuterung, es war der „Gottesbeweis", der für deutsche Historiker im Rahmen der Reeducation äußerst nützlich sein konnte. Geht oder ging ein deutscher Historiker den anderen Weg, vertraute er mehr den Fakten und weniger den politisch-soziologischen Wertungen, lief er Gefahr, als unverbesserlicher Nationalist oder im günstigeren Fall

Edward Grey

Nikolaus II.

als „apologetisch“ verunglimpft zu werden. Ein tödlicher Bannstrahl konnte ihn auch mit dem Vorwurf treffen, er „relativiere“ Ereignisse der jüngsten Vergangenheit. Dieses Phänomen ist übrigens in der deutschen Geschichte nicht neu. Im November 1889 schrieb Heinrich von Treitschke im 4. Band seiner „Deutschen Geschichte“: „Bei ausländischen Kritikern hat der Ton meines Buchs Befremden erregt, und ich konnte nichts anderes erwarten. Es mag noch viel Wasser unseren Rhein hinabfließen, bis die Fremden uns erlauben, von unserem Vaterland mit demselben Stolz zu reden, der die nationalen Geschichtswerke der Engländer und Franzosen von jeher ausgezeichnet hat.“

Die Männer in Paris und London, die trotz ihrer demokratischen Bestallung politische Entscheidungen meist allein trafen, besaßen wenig Wirtschaftsverstand, wenig Einsichtsfähigkeit und vor allem keine Visionen, um die politischen und wirtschaftlichen Notwendigkeiten für die künftige Entwicklung Europas abschätzen oder wenigstens vorausahnen zu können. Sie waren von den Problemen und Zwängen der industriellen Welt, wie beispielsweise von der Notwendigkeit der europäischen Arbeitsteilung, noch zu weit entfernt, ihr geistiger Standort wurzelte im 18. und frühen 19. Jahrhundert, sie träumten von Weltmacht, von Herrschaft über die Meere, von kolonialen Eroberungen in allen Winkeln der Erde, sie lebten in den Anschauungen von Militär- und Kolonialstaat und vertrauten auf Schlachtschiffe, deren Einsatzfähigkeit bereits bei ihrem Stapellauf überholt war. Das galt auch für die deutsche Schlachtflotte, die Tirpitz mit Argumenten durchgesetzt hatte, die weder militärischen noch politischen Weitblick erkennen ließen. Statt der

Schlachtschiffe, die den englischen Schiffen in der Artillerie und in der Panzerung zwar durchaus ebenbürtig, wenn nicht, wie es sich in der Schlacht vor dem Skagerrak 1916 zeigte, sogar überlegen waren, hätte Tirpitz U-Boote in großer Zahl bauen lassen sollen. Die hierzu erforderliche moderne Technik beherrschten die deutschen Ingenieure. Deutschland hatte 1910 neun U-Boote im Dienst, davon waren drei Boote mit modernen Dieselmotoren ausgestattet. England besaß zu diesem Zeitpunkt 80 U-Boote, doch nur wenige davon gehörten zum modernen Typ. In Frankreich waren 30 technisch veraltete Boote im Dienst, allerdings befanden sich 40 moderne Boote im Bau.

Der Bau von U-Booten, die in Deutschland seit 1910 militärverwendungsfähig waren, hätte die Frage der Flottenrivalität zwischen Großbritannien und Deutschland nicht in gleichem Maße belastet und wäre für die deutsche Verteidigungsfähigkeit von ungleich größerem Nutzen gewesen. In seinem Brief vom 10. 7. 1923 an Theodor Wolff, Chefredakteur am „Berliner Tageblatt", behauptete der ehemalige Reichskanzler von Bülow, er habe von Tirpitz mehr U-Boote und Torpedoboote statt der Großkampfschiffe – leider erfolglos – gefordert. Wenn der englische Außenminister Sir Edward Grey zu Beginn des Krieges meinte: „The lamps are going out all over Europe; we shall not see them lit again in our lifetime", so läßt sich daraus zwar eine dumpfe Ahnung über das ablesen, was dieser Krieg anrichten würde, aber Konsequenzen hieraus zog weder er als Außenminister noch später der britische Premierminister Lloyd George für die englische Regierung. Sie ließen das europäische Schiff treiben, bis es auf ein Riff lief. Mit seiner Äußerung

Georges Clemenceau

Lloyd George und Adolf Hitler

im August 1914, nur die USA könnten aus diesem Kriege Vorteile für sich ziehen, bewies der württembergische Gesandte in Berlin, daß auch in Deutschland die Katastrophe Europas vorhersehbar war.

Mit Artikel 231 der von den Alliierten einseitig festgelegten Friedensbedingungen mußte Deutschland unter dem Druck der auch nach dem Waffenstillstand anhaltenden Lebensmittelblockade anerkennen, als Urheber aller Verluste und Schäden verantwortlich zu sein. Hierzu schrieb John Maynard Keynes im Jahre 1921: „Es ist barbarisch, ein Schuldanerkenntnis mit der Folter nach der Art der mittelalterlichen Inquisition zu erpressen. Trotzdem haben die Verbündeten das deutsche Volk mit Hunger und Bajonett zu seiner tiefsten Erniedrigung gezwungen." In ihrer unheilvollen Auswirkung auf Deutschland und Europa kann die Bestimmung des Artikels 231 nicht überschätzt werden; Zorn und Verzweiflung hierüber haben in der deutschen, später auch in der internationalen Wissenschaft das Hauptaugenmerk auf die Ursachen der Kriegseröffnung gerichtet, nicht auf den Kriegsverlauf und nicht auf die Kriegsbeendigung. Gerade die Frage, warum der Krieg nicht rechtzeitig durch Verhandlungen beendet wurde und diese „letzte" Chance für Europa ungenutzt blieb, verdiente historisch und politisch eine stärkere Beachtung. Die Hauptverantwortung in dieser Hinsicht lag in den Händen von Lloyd George, Sir Edward Grey, Arthur Nicolson, Lansing, Wilson, House, Poincaré und Clemenceau. Verantwortung für das Schicksal Europas trug auch Zar Nikolaus II. von Rußland, der seine politische und intellektuelle Beschränktheit mit dem Leben bezahlte, indem er durch seine unüberlegte Mobilmachung den Krieg unmittelbar auslöste und sich auf diese Weise selbst und seine ganze Familie den Kugeln bolschewistischer Revolutionäre auslieferte. Diese Männer tragen für den Niedergang und die Erosion Europas mehr Verantwortung als der deutsche Reichskanzler Bethmann Hollweg mit seinen Mitarbeitern. Fritz Fischer hat in seinem 1961 erschienenen Buch, dem er den spektakulären Titel „Griff nach der Weltmacht" gab, einen gegenteiligen Standpunkt vertreten. Die Erregung, nicht nur unter den Historikern, über Fischers Thesen führte zu einer seit über einem Jahrzehnt anhaltenden heftigen und emotionalen Kontroverse in der deutschen Publizistik und Fachliteratur. Die Aufregung klingt inzwischen wieder ab. Man wird erst dann, wenn auch die Archive der deutschen Kriegsgegner vollständig einzusehen sein werden, zu einer ausgewogenen Behandlung des Themas zurückkehren können.

Das Osmanische Reich in der Auflösung

Was ging der europäischen Katastrophe voraus? Über 400 Jahre hatte das Osmanische (türkische) Reich von Marokko über Arabien, Kleinasien bis vor die Tore Wiens seine Macht ausgeübt. Es zeigte schon zu Beginn des 19. Jahrhunderts Zeichen der Schwäche und der inneren Auflösung. Die europäischen Großmächte Rußland, England, Österreich und Frankreich warteten auf ihre Beute. Jeder wollte ein Stück für sich. Neben den ölreichen Gebieten Persiens, über das sich England mit Rußland in zweiseitigen Vereinbarungen verständigt hatte, erwischte England mit dem arabischen Öl den dicksten Brocken aus der türkischen Konkursmasse. Nur das Deutsche Reich hielt sich aus wohlverstandenen Sicherheitsinteressen zurück, in der Erinnerung an Bismarcks politischen Grundsatz in seiner Rede vom 5. Dezember 1876: „... ich werde zu keiner aktiven Beteiligung Deutschlands in diesen Dingen raten, solange ich an dem Ganzen für Deutschland kein Interesse sehe, welches auch nur die gesunden Knochen eines einzigen pommerschen Musketiers wert wäre." Das Interesse des Deutschen Reiches an der Rest-Türkei zielte zu keiner Zeit auf eine Ausdehnung kolonialer Herrschaft. Es gab auch keine in diese Richtung zielenden militärischen Erwägungen, vielmehr war Deutschland an der staatlichen Unabhängigkeit der Türkei interessiert, um für eine wirtschaftliche Betätigung im Verhältnis zu den anderen Großmächten auch in diesem Teil der Erde gleiche Chancen zu haben. Das war schon schwer genug. Frankreich hatte neben England als Verwalter der staatlichen Schulden einen dominierenden Einfluß auf das Finanzwesen der Türkei, während sich England auf 30 Jahre ein „Monopol für Docks und Arsenale" gesichert hatte (Butterfield).

England sträubt sich gegen den Bau der „Bagdad-Bahn"

Ein deutsches Firmenkonsortium hatte im Jahre 1899 vom Sultan die Konzession zum Bau einer Eisenbahn von Konya über Bagdad bis zum Persischen Golf mit einer Streckenlänge von 2.400 km erhalten. Diesem technisch äußerst schwierigen Unternehmen, das der wirtschaftlichen Entwicklung der Türkei diente, hatte England von Anfang an Hindernisse in den Weg gelegt, was soweit ging, der russischen Regierung gönnerhaft eine Vereinbarung vorzuschlagen, unter welchen Bedingungen man den Deutschen den Bau der Bahn gestatten könnte. Dazu gehörte die englische Kontrolle der neuen Linie von Bagdad bis zum Persischen Golf und der Bau einer Anschlußlinie, die Rußland die unmittelbare Nutzung der Bahn hätte ermöglichen sollen. Auch die englische Unterstützung der arabischen Erhebung gegen den Sultan durch Lieferung von Waffen und Munition war Teil der Störmanöver gegen die Planung dieser Eisenbahn. Um die Kilometergarantie der türkischen Regierung als Basis der Finanzierung der Bahn wirtschaftlich zu unterlaufen, widersetzte sich England ferner als einzige Großmacht der Erhöhung der türkischen Zölle. Die Engländer befürchteten, die Türkei könnte die Zölle als Sicherheit für ihre Garantie verpfänden, die sie den deutschen Betreibern der Bahn für die vereinbarten Mindesteinnahmen zu stellen hatten. Das deutsche Konsortium hat England und Frankreich eine Beteiligung an der Gesellschaft und an der Finanzierung angeboten, nicht zur besseren Kapitalbeschaffung, sondern um internationale Konflikte zu vermeiden. Frankreich nahm an, England lehnte ab.

Marokko und Ägypten

England maßte sich aber nicht nur in der Türkei und in anderen Ländern bei der Planung deutscher wirtschaftlicher Projekte ein Mitsprache- und Interventionsrecht an, sondern fühlte sich auch bei der Behandlung von

Marokko und Ägypten zur Durchsetzung eigener und zur Ausgrenzung deutscher Interessen berechtigt. Am 3. Juli 1880 wurde die Madrider Konvention zwischen den Nationen Europas, den Vereinigten Staaten und dem Sultan von Marokko abgeschlossen. Danach sollten alle beteiligten Nationen in Marokko, das seine Selbständigkeit bewahren wollte, gleichberechtigten Zugang haben. Am 25. Juli 1882 verpflichtete sich England den Vertretern der übrigen fünf Großmächte gegenüber, Ägypten zu räumen, sobald geordnete Zustände dort eingetreten seien. Diese Verpflichtung hatte England später bei verschiedenen Anlässen wiederholt. Dennoch schlossen England und Frankreich am 8. April 1904 einen öffentlichen Vertrag und eine geheime Zusatzvereinbarung über Marokko und Ägypten. Während offiziell die alten Abmachungen bestätigt wurden, vereinbarten die beiden Länder in einem geheimen Zusatzvertrag, daß diese öffentlich eingegangenen Verpflichtungen im Verhältnis zwischen London und Paris tatsächlich nicht gelten sollten. Beide Kontrahenten verzichteten gegenseitig auf ihre Ansprüche: England auf Marokko und Frankreich auf Ägypten. Dazu versprachen sie sich gegenseitige Unterstützung. Dieses Abkommen aus dem Jahr 1904 zwischen England und Frankreich über Marokko und Ägypten und der darin enthaltene Bruch internationaler Verträge leitete das enge Bündnis zwischen den beiden Staaten ein, das zur „Entente cordiale“ und später zum „Dreibund“ Frankreich, Rußland und England führte. Europa wurde hierdurch in zwei feindliche Gruppen gespalten; Deutschland war damit von hochgerüsteten feindlichen Mächten umgeben. Der Vereinbarung mit Frankreich über Marokko fügte England 1907 ein Bündnis ähnlichen moralisch zweifelhaften Charakters mit Rußland über Persien hinzu.

Als Frankreich seine Ansprüche in Marokko zu verwirklichen suchte, die ihm England unter Verletzung der Madrider Konvention eingeräumt hatte, lehnte der Sultan die französischen Einmischungsversuche in die Unabhängigkeit Marokkos ab. Darauf reiste der Kaiser, mehr dem dringenden Begehren deutscher Diplomaten nachgebend als auf Grund seines eigenen Willens, am 31. März 1905 mit dem Passagierschiff Hamburg zu einem persönlichen Besuch nach Tanger und betonte dort in einer Rede an den Sultan die international vereinbarten Prinzipien über Marokkos selbständige Stellung. England bot hierauf in weniger als einem Monat Frankreich zweimal seine militärische Unterstützung an. Der britische Außenminister Grey teilte außerdem den Gesandten verschiedener europäischer Mächte in London mit, daß England Frankreich gegenüber Verpflichtungen bezüglich Marokkos eingegangen sei, denen es bis zum Äußersten nachkommen werde, selbst auf die Gefahr eines europäischen Konflikts. Ein großer Teil der englischen Parlamentarier war aber durchaus nicht damit einverstanden, wegen französischer Marokkointeressen einen Krieg vom Zaune zu brechen. Es kam im Parlament von Westminster zu einer Krise. Wie auch immer, dem englischen Angebot einer gewaltsamen Konfliktlösung konnte Frankreich nicht entsprechen, weil sein russischer Verbündeter durch den Krieg mit Japan so sehr geschwächt war, daß er sich außerstande sah, Frankreich die erwartete Hilfe zu leisten. Um dem Wunsch des Sultans auf Unabhängigkeit Nachdruck zu verleihen, zumal da Deutschland an einem unabhängigen Marokko ebenso interessiert war wie an einer unabhängigen Türkei, sandte das Deutsche Reich in der sogenannten zweiten Marokkokrise im Sommer 1911 zwei Kriegsschiffe vor die Küste Marokkos („Panthersprung"). Doch die geschlossene Gegenwehr der anderen Mächte veranlaßte die deutsche Regierung zum Rückzug und zur vertraglichen Anerkennung des französischen Einflusses in Marokko. Im Gegenzug erhielt Deutschland von Frankreich im Kongo ein Gebiet von etwa 250.000 qkm. Außerdem einigten sich französische und deutsche Stahlunternehmen auf eine gleichberechtigte Ausbeute der marokkanischen Erzvorkommen. „Griff nach der Weltmacht"? Die deutsche Öffentlichkeit kritisierte diesen allein aus einem wirtschaftlichen und handelspolitischen Interessenkonflikt resultierenden „Kuhhandel", weil die deutsche Regierung nicht vor dem Recht, sondern vor der Gewalt zurückgewichen sei.

Großserbische Unabhängigkeitsbestrebungen

Serbien, Montenegro, Griechenland, Bulgarien und Rumänien hatten sich als Folge von Aufständen und Kleinkriegen, die mit englischer oder russischer Unterstützung geführt worden waren, als selbständige Staaten im Verlaufe des 19. Jahrhunderts aus dem türkischen Reich herausgelöst. Hierbei nahm Serbien eine Sonderstellung ein. Denn Teile der serbischen und kroatischen Völker gehörten zum österreich-ungarischen Staatsverband, weshalb der Traum vom großserbischen Reich nur mit dem Herausbrechen der von diesen Völkern besiedelten Gebiete aus der Donaumonarchie verwirklicht werden konnte.

Das hätte die Existenz der österreich-ungarischen Monarchie bedroht mit allen sich daraus für die Stabilität Mitteleuropas ergebenden Folgen. Deutschland legte auf die Erhaltung Österreich-Ungarns, seines einzigen verläßlichen Verbündeten, größten Wert. Dieses Interesse war den anderen Großmächten bekannt. Die Destabilisierung Österreich-Ungarns konnte daher auch nicht im Interesse der anderen Großmächte liegen, sofern sie am Frieden in Europa interessiert waren. Serbien suchte trotzdem Rückendeckung bei Rußland zum Schutze vor dem Osmanischen Reich und zugleich zur Unterstützung seiner Begehrlichkeit gegenüber Österreich-Ungarn. Es erstrebte die Bildung eines Groß-Serbiens unter Einschluß großer Landesteile mit einer katholischen Bevölkerung, die seit fast 400 Jahren zum Vielvölkerstaat des habsburgischen Österreichs gehörten. Die panslawistischen Kreise in Rußland gewährten Belgrad bereitwillig diese Unterstützung, die für das europäische Gleichgewicht und den Frieden in Europa äußerst gefährlich war, weil Rußland als einzige europäische Großmacht eigene Expansionsbestrebungen auf dem europäischen Kontinent verfolgte. Die Petersburger Regierung drängte zum einen in Richtung Adria und zum anderen in Richtung Konstantinopel, Bosporus und der Dardanellen.
Österreich stand dem Erreichen dieser Ziele im Wege, aber auch England konnte sich mit dem Vorgehen Rußlands zunächst nicht abfinden. Zur ausgreifenden territorialen Politik Rußlands und zur Unterstützung des panslawistischen Nationalismus innerhalb und außerhalb von Rußlands Grenzen kamen die beträchtlichen sozialen Spannungen in seinem Inneren hinzu, die diesen Koloß an Land und Menschen zu einer bedrohlichen

und unberechenbaren Größe im europäischen Mächtekonzert machten.

Realitätsferne der russischen Führungsschicht

Mit dem Wunsch nach eigener Staatlichkeit lösten die ethnischen Volksgruppen in Rußland und Österreich-Ungarn eine gefährliche Spannung in der innenpolitischen Lage dieser Staaten aus. Durch Unterdrückung nach innen und mit einem aggressiven Panslawismus nach außen wollte der russische Vielvölkerstaat der Gefahr seiner inneren Auflösung begegnen und von seinen sozialen Spannungen ablenken. Doch dann schlug am 22. Januar 1905 ein zunächst auf St. Petersburg begrenzter Streik in eine sich über ganz Rußland ausbreitende Revolution um, nachdem die russischen Garderegimenter auf Befehl des Zaren den Demonstrationszug der Arbeiter niederkartätscht hatten. Mit erheblichen Zugeständnissen an die Aufständischen gelang es der russischen Führungsklasse noch ein letztes Mal, die Ruhe wiederherzustellen. Aber die eigentlichen Ursachen der Unzufriedenheit wurden damit nicht beseitigt. An der sozialen Rückständigkeit in Rußland änderte sich bis zur Februar-Revolution 1917 nichts.

Die Abgehobenheit des Zaren und der Realitätsverlust der russischen politischen und militärischen Führungsschicht äußerte sich nicht nur in der Verkennung der Brisanz der innenpolitischen Zustände ihres Landes. Sie schätzte auch Rußlands außenpolitische Situation falsch ein. Unabdingbar für Rußland wäre ein Bündnis mit Deutschland gewesen, zumindestens die Erhaltung eines freundschaftlichen Verhältnisses zu seinem nächsten europäischen Nachbarstaat, dem Deutschen Reich. So ist es von allen Zaren des 19. Jahrhunderts bis zu Nikolaus II. erstrebt worden. Statt dessen entwickelte sich in der russischen Presse, innerhalb des Offizierkorps, des Adels und der Diplomatie Anfang der achtziger Jahre eine starke Abneigung gegenüber Deutschland. Bismarck bemerkte zu dem wachsenden Haß gegen Deutschland, der von den russischen Journalisten geschürt wurde, in seiner Rede vor dem Reichstag am 6. Februar 1888: „... die russische öffentliche Meinung hat einem alten mächtigen und zuverlässigen Freund, der wir waren, die Tür gewiesen, doch jedes Land ist auf die Dauer für die Fenster, die seine Presse einschlägt, irgendeinmal verantwortlich; die Rechnung wird an irgendeinem Tage präsentiert." Stellvertretend für die einflußreichen nationalistischen und panslawistischen Kreise stehen zwei Namen: für die Presse Michail Nikiforowitsch Katkow, ein höchst talentierter, aber nationalistischer Journalist, und für das Militär der spätere Generalstabschef Nikolai Nikolajewitsch Obrutschew, der seine persönlichen Kontakte zu Frankreich – er war mit einer vermögenden Französin verheiratet und verbrachte seinen jährlichen Urlaub in Frankreich – zur Anbahnung des unglücklichen und in seinen Folgen verheerenden Militärbündnisses zwischen Frankreich und Rußland nutzte. Um das Abkommen zunächst geheimzuhalten und auf die parlamentarische Zustimmung verzichten zu können, wurde der Weg über ein Militärabkommen gewählt, zu dessen Inhalt der Chef des französischen Generalstabs Raoul Le Mouton de Boisdeffre dem Zaren erklärte, daß eine Mobilmachung eines der vertragschließenden Partner bereits die Kriegserklärung aus-

Erzherzog Franz Ferdinand mit seiner Familie

Nikolaj Karlowitsch von Giers

lösen werde. Das war eindeutig. Im Frühjahr 1914 schrieb die russische Militärzeitschrift „Raswjedschik“, „daß das ganze russische Volk mit dem Gedanken vertraut gemacht werden muß, daß wir uns zum Kampf mit den Deutschen rüsten, mit ihnen kämpfen und sie unbedingt vernichten müssen. Unser geschworener Feind ist der Deutsche, und die deutschen Reiche *(gemeint waren das Deutsche Reich und Österreich-Ungarn)* müssen zertrümmert werden“.

Wo der psychologische Umschwung in der Meinung der russischen Führungsschicht gegenüber Deutschland seinen Ausgang nahm, läßt sich nur vermuten. In den äußeren Ereignissen findet er keine Erklärung, noch viel weniger in abträglichen oder unfreundlichen Handlungen des Deutschen Reiches. Hatte Rußland einen aktiven Beistand Deutschlands und Österreichs im Krimkrieg gegen Frankreich und England erwartet? Es wußte, daß Bismarck auf dem deutschen Bundestag eine bundesdeutsche Kriegsbeteiligung auf der Seite der Westmächte verhindert hatte. Das hatte sogar russische Sympathien für Preußen ausgelöst. Gab Bismarck als „ehrlicher Makler“ auf dem Berliner Kongreß 1878 den englischen und türkischen Interessen zu viel Raum? Bismarck wollte den russischen Wünschen bei den Meerengen entgegenkommen, wurde aber hieran von England gehindert. Trotzdem gaben die Russen dem Deutschen Reich die Schuld an dem für sie unbefriedigenden Ausgang dieser europäischen Konferenz zur Lösung der Balkanfrage. Sie wurden hierin aller Wahrscheinlichkeit nach von der englischen Diplomatie, wider deren besseres Wissen, bestärkt. Hatte die Entstehung des Deutschen Reiches 1871 die traditionellen russischen Einwirkungsmöglichkeiten in Deutschland, wie sie noch gegenüber Preußen zur Zeit des Wiener Kongresses bestanden hatten, geschwächt? War es das Gefühl des russischen Militärs, dem deutschen Heerwesen unterlegen zu sein, dem man den eindrucksvollen Sieg über die Franzosen 1870/71 neidete? Paarte sich das Bewußtsein der Unterlegenheit mit slawischer Arroganz und mit Neid, diesen destruktiven Empfindungen, die häufig nicht nur zwischen Individuen, sondern auch unter den Völkern Triebfedern für Aggression und Haß sind? Die Niederlagen Rußlands im Krimkrieg (1853-56), in der Auseinandersetzung mit Japan (1904-05), bei der nicht nur die russische Ostasienflotte, sondern auch die Ostseeflotte nach ihrer Fahrt um die halbe Welt vernichtet wurde, sowie die als Benachteiligung Rußlands empfundene Regelung auf dem Berliner Kongreß (1878) wirkten offenbar zusammen und nagten am Stolz der russischen Oberschicht, deren nationale Sympathien und Antipathien sich immer mehr einer rationalen Deutung entzogen. Das Deutsche Reich hatte im japanischen Krieg der russischen Flotte in Kiautschou das Kohlebunkern erlaubt und sich hierdurch den Unmut Englands zugezogen. Auch diese Hilfe für die russische Flotte konnte den russischen Haß nicht besänftigen.

Die imperialistische Expansion Rußlands in Fernost, in Zentralasien und in den nahöstlichen Meerengen schaffte gefährliche Berührungspunkte mit England, nicht mit Deutschland. Die von Bismarck veranlaßte, zeitlich begrenzte Einschränkung der Lombardierung russischer Staatspapiere durch die Reichsbank 1887 oder die Erschwerung der Getreideimporte aus Rußland durch deutsche Zollerhöhungen war nicht gravierend, zumal da sich die Getreideimporte dennoch – mit Ausnahme während der schlechten Erntejahre in Rußland – ausweiteten. Das alles konnte angesichts der weiterhin erfolgreichen imperialistischen Machtexpansion Rußlands kaum die wachsende Animosität der russischen Eliten gegenüber dem Deutschen Reich rechtfertigen. Außenminister Giers, den Bismarck sehr verehrte, wollte nicht, daß sich die russischen Ressentiments auf die Außenpolitik auswirkten, doch seine Bemühungen waren vergebens, auch wenn die offizielle Politik St. Petersburgs zunächst eine ernste Konfrontation mit Deutschland zu vermeiden suchte.

Für die Nichterneuerung des Rückversicherungsvertrages 1890 zwischen dem Deutschen Reich und Rußland wird in der historischen Literatur häufig die deutsche Außenpolitik allein verantwortlich gemacht. Zu diesem Zeitpunkt waren jedoch die Abmachungen zwischen dem französischen und russischen Militär so weit gediehen, daß bereits zwei Jahre später 1892 die Paraphierung der militärischen Vereinbarung vorgenommen werden konnte, gegen die sich Außenminister Giers, der damals schon sehr krank war, wiederholt ausgesprochen hatte. Ob Giers, der einzige, der sich auf russischer Seite vielleicht für eine Erneuerung des Rückversicherungsvertrages eingesetzt hätte, die Verlängerung überhaupt hätte durchsetzen können, wenn sie von Deutschland erstrebt worden wäre, bleibt mehr als ungewiß, zumal da es ihm nicht einmal gelungen ist, die französisch-russische Allianz zu verhindern.

Es gibt im historischen Rückblick auch heute noch keine Entschuldigung dafür, daß Frankreich – England im Rücken – diese chauvinistische russische Gesellschaft zu Rüstungen, zu strategischen Eisenbahnbauten und zur

Vermehrung ihrer Truppen animierte mit dem einzigen Ziel: Deutschland niederzuwerfen.

Frankreich beklagt den Verlust seiner europäischen Vormachtstellung

Wie sah die Lage in Frankreich aus? Während in Rußland der verletzte Stolz seiner Führungsschicht mit dem Bewußtsein wirtschaftlicher und militärischer Unterlegenheit gegenüber Deutschland einherging, wollten sich die Franzosen nicht damit abfinden, nicht mehr die erste Macht auf dem Kontinent wie zu Zeiten Richelieus und Ludwig XIV. zu sein. Sie empfanden die Schmach aus der Niederlage gegen Deutschland im Krieg 1870/71 und auch den als eigene Niederlage empfundenen Triumph Preußens über Österreich bei Königgrätz 1866 als Demütigung, da sie spürten, daß ihre Vormachtstellung in Europa wankte, die sie nach der katastrophalen Niederlage Napoleons im Jahre 1813 großenteils zurückerworben hatten. Nicht erst seit dem Wiener Kongreß 1815, sondern schon seit dem Dreißigjährigen Krieg (1618–48) beruhte die französische Hegemonie in Europa auf der Zersplitterung Deutschlands in viele kleine Einzelstaaten. Diese Zersplitterung gehörte seit Richelieu zu den grundsätzlichen Zielen der französischen Außenpolitik, wofür es unzählige entsprechende Zitate in den Büchern französischer Historiker und in den Memoiren französischer Politiker in den letzten 300 Jahren bis 1945 gibt. Es war daher auch für den französischen Außenminister Charles Maurice de Talleyrand schon auf dem Wiener Kongreß 1815 eine besorgniserregende Vorstellung, die vielen deutschen Einzelregierungen durch eine einzige zentrale Regierung ersetzt zu sehen. In seiner Furcht vor der deutschen Einheit traf sich Talleyrand am Verhandlungstisch mit dem Österreicher Metternich, aber in gewissem Sinne auch mit Castlereagh, dem vermögenden Landbesitzer und englischen Außenminister. Mit dem preußischen Sieg über die Österreicher 1866 bei dem böhmischen Dorf Sadowa, Kreisstadt Königgrätz, zeichnete sich nun diese von Frankreich beargwöhnte deutsche Einheit ab. Die Franzosen fürchteten die außerordentliche Fähigkeit der Deutschen im Bereich der wissenschaftlichen Forschung und in der Organisation ihrer Industrie: für die französischen Eliten eine als existentielle Bedrohung empfundene Gefahr für die traditionelle Vormachtstellung Frankreichs in Europa. Hieraus erwuchs die Idee der „Revanche pour Sadowa", die auf einen breiten Konsens in Frankreich traf und gewissermaßen der kleinste gemeinsame Nenner aller politischen Gruppierungen, ob rechts oder links, war und bis 1914 blieb. In der 1871 von Deutschland zurückerworbenen Provinz Elsaß-Lothringen symbolisierte sich dieser Revanchegedanke, womit die politische Idee der Revanche auch einen neuen Namen erhielt.

Während der Kapitulationsverhandlungen bei Sedan im Jahre 1870, die mit dem französischen General von Wimpffen geführt wurden, machte Bismarck auf die Brisanz der deutsch-französischen Beziehungen aufmerksam und drückte damit seine aufrichtige Sorge vor dem unberechenbaren französischen Gegner aus: „Es würde Torheit sein sich einzubilden, daß Frankreich uns unsere Erfolge verzeihen könnte. Sie sind ein über die Maßen eifersüchtiges, reizbares und hochmütiges Volk. Seit zwei

Jahrhunderten hat Frankreich 30 mal Deutschland den Krieg erklärt, wie immer aus Eifersucht. Und diesmal wieder aus Eifersucht, weil man uns unseren Sieg von Sadowa (Königgrätz) nicht verzeihen konnte, obgleich dieser Sieg Frankreich und seinem Ruhme keinen Eintrag getan hatte. Aber es scheint, daß der Sieg eine dem französischen Volke allein vorbehaltene Apanage, daß er ein Monopol für dasselbe ist. Man konnte uns Sadowa nicht verzeihen, und würde man uns Sedan verzeihen? Nimmermehr! Wenn wir jetzt den Frieden *(nach den Wünschen von General Wimpffen)* schlössen, in 5 Jahren, in 10 Jahren, sobald Frankreich es vermöchte, würde es den Krieg wieder anfangen. Das ist die Dankbarkeit, die wir von der französischen Nation zu erwarten haben. Wir sind im Gegensatz dazu eine friedliebende Nation, welche in Ruhe zu leben wünscht und leben würde, wenn man uns nicht fortwährend reizte. Heute ist es genug. Frankreich muß für seinen eroberungslustigen und ehrgeizigen Charakter gezüchtigt werden; wir wollen die Sicherheit unserer Kinder wahren, und dazu ist es nötig, daß wir zwischen Frankreich und uns ein Glacis, ein Territorium, Festung und Grenzen haben, die uns gegen einen Angriff schützen.“ Mit anderen Worten drückte es Jacob Burckhardt so aus: „Mit der Zeit wird der Gewaltsinn eine natürliche Funktion des französischen Geistes. Die französische Eroberungssucht steckt die anderen an, sich um jeden Preis zu vergrößern.“

Raoul François Charles Le Mouton de Boisdeffre

Deutschlands Ängste vor einer russischen, französischen und englischen Einkreisung

Nun wäre im Interesse Europas gegen eine „Hegemonie" Frankreichs, was immer man unter Hegemonie zu verstehen hat, nichts einzuwenden gewesen, wenn Frankreichs politische, wirtschaftliche und geistige Kräfte für eine solche europäische Führungsrolle ausgereicht hätten. Diese Voraussetzung aber lag schon nach eigener Einschätzung der Franzosen nicht mehr vor. Trotzdem organisierte die französische Außenpolitik – gemeinsam mit England – die Isolierung Deutschlands, des stärksten, modernsten

Raymond Poincaré

und bestverwalteten Industrielandes auf dem Kontinent. Es ist ein Spiel mit Worten, ob man dabei von Isolierung, Einkreisung, Einschnürung oder Auskreisung spricht, in jedem Fall sollte Deutschland an seiner weiteren Entwicklung gehindert werden. Deutschland wurde, wie Churchill einmal bemerkte, von allen Ländern zu Recht wegen seiner wirtschaftlichen Leistungskraft beneidet. Zunächst fädelte das französische Militär Ende der siebziger Jahre das Militärbündnis mit Rußland ein, das 1892 abgeschlossen und danach 1904 durch die „Entente cordiale" mit England ergänzt wurde. Es mußte der kenntnisreichen und auf dem internationalen Parkett erfahrenen französischen Diplomatie bewußt gewesen sein, welche Ängste sie in Deutschland mit dieser Einschnürung durch Bündnisverträge auslöste. Das „cauchemar des coalitions", der Alptraum der Einkreisung, plagte schon Bismarck, es blieb eine Konstante in der deutschen Politik bis 1914. Franzosen, Engländern und Russen war diese Furcht mit den darin eingeschlossenen Gefährdungen für die europäische Stabilität jederzeit bewußt. Graf Benckendorff, der russische Botschafter in London, machte am 8. Februar 1912 in seinem Schreiben nach St. Petersburg warnend darauf aufmerksam, daß nach Ansicht des englischen Außenministers Sir Edward Grey die Isolierung Deutschlands eine ernste Gefahr für den europäischen Frieden bedeute.

Das französisch-russische Militärbündnis trug nicht defensive, sondern aggressive Züge. Es war eine der wesentlichen Ursachen der Verspannungen innerhalb der europäischen Großmächte. Oberst Edward M. House, der engste Vertraute des amerikanischen Präsidenten Woodrow Wilson, schrieb am 29. Mai 1914 aus Europa an seinen Auftraggeber Wilson: „Es herrscht hier viel Haß und viel Eifersucht. Wenn England einverstanden wäre, würden Frankreich und Rußland über Deutschland und Österreich herfallen. England möchte Deutschland aber nicht gänzlich zerschmettert sehen, denn es hätte dann mit seinem alten Feinde Rußland zu rechnen. Die beste Aussicht auf Frieden böte eine Verständigung Englands und Deutschlands . . ." Der russische Kriegsminister Suchomlinow meinte später in seinen Memoiren, das russische Volk sei von seinen Diplomaten und Finanzleuten geradezu an Frankreich verkauft worden. Ähnlich formulierte der norwegische Völkerrechtler Professor N. Gjelsvik in Oslo, der die Aufrüstung Rußlands mit französischen und englischen Finanzmitteln als gegen die wahren Interessen Rußlands gerichtet ansah und bemerkte, „daß die russischen Heeresmassen in Wirklichkeit französische und englische Söldnertruppen waren“. Die französischen und russischen Militärs hatten vereinbart, einen Krieg als Angriffskrieg zu führen mit dem Ziel, Deutschland niederzuwerfen. In die russische Militärmacht, der die deutsche Armee in einem Krieg nicht gewachsen sein würde, setzten die Franzosen ihre größten Hoffnungen. Um ihrem Wunsch nach russischer Aufrüstung Nachdruck zu verleihen, stellten sie für die Zustimmung zur Eröffnung eines größeren, von Rußland dringend benötigten Kredits auf dem Pariser Markt zwei wichtige Bedingungen, zum einen den sofortigen Bau von bestimmten strategischen Eisenbahnlinien, die für Rußland an und für sich äußerst unwirtschaftlich waren und nur dem Zweck schneller Truppenverschiebungen dienten; zum zweiten die Vergrößerung der russischen Landstreitkräfte um 360.000 Mann. Es wurde vereinbart, daß das umfangreiche russische, mit französischen Geldern finanzierte Rüstungsprogramm bis zum Jahre 1916 mit allen strukturellen Maßnahmen wie Eisenbahn, Rüstungswirtschaft, Hafenanlagen sowie mit der Erhöhung der Personalstärke der Armee fertiggestellt sein sollte. Dieses Jahr 1916, in seiner Bedeutung in den französisch-russischen Absprachen der deutschen Militärführung durch Geheimnisverrat bekannt geworden, geisterte jahrelang durch die deutschen politischen und militärischen Akten. Die Sorge, innerhalb der verbleibenden Frist die Siegfähigkeit oder zumindest die Verteidigungsfähigkeit gänzlich zu verlieren, von einer vertraglich schon abgesprochenen französisch-russischen Aggression erdrückt zu werden, war der Hauptgrund für die Bereitschaft Bethmann Hollwegs, den russischen Fehdehandschuh am 1. August 1914 aufzunehmen. Man wollte – das ominöse Entscheidungsjahr 1916 vor Augen – dem Gegner zuvorkommen. „Deutschland hat aus Furcht eine riskante Partie gespielt", so Riezler in seinem Brief vom 21. 3. 1930 an Theodor Wolff.

Andererseits bemerkten Engländer, Franzosen und Russen das Wiedererstarken des deutschen Heeres, dessen Modernität und Leistungsfähigkeit zugunsten des deutschen Flottenbaus ab 1898 sträflich vernachlässigt worden waren. Wie sich aus den englischen Analysen der letzten Kaisermanöver ergab, haben die Engländer diesen Zustand der deutschen Armee zu ihrem eigenen Erstaunen erkannt. Der seit etwa 1912 einsetzenden „Aufholjagd" der deutschen Militärs, bei der nicht nur die Modernität und Leistungsfähigkeit des Heeres, sondern auch die Planung und Logistik verbessert werden sollten, wollten die Entente-Mächte nun umgekehrt ebenfalls zuvorkommen. Wir können daher sagen, die Überlegungen nach dem Prinzip des klassischen „praevenire" wurden in beiden Allianzen erwogen, doch den Ausschlag haben diese Gedanken für die Kriegseröffnung sicherlich nicht gegeben.

Englands Interesse an Indien

Neben Rußland und Frankreich war England der Dritte im Bunde gegen Deutschland. Es beherrschte 30.332.000 qkm Landfläche, eine Ausdehnung, die rund

23 % des Festlandes der Erde entsprach. Rechnet man den Anspruch Englands auf die Beherrschung der Seewege zu seinem kolonialen Besitz hinzu, dürfte sich die von England beanspruchte Einflußsphäre auf über 50 % der Erdoberfläche von insgesamt 510.000.000 qkm erstreckt haben. Hierbei sind die Einflußgebiete wie Türkei und Persien nicht mitgerechnet. Von diesem Riesengebiet hatte Großbritannien 7.692.000 qkm erst in den Jahren von 1881 bis 1912 an sich gerissen. 40 Millionen Engländer herrschten über 300 Millionen Angehörige fremder Völker. Frankreich besaß ein Kolonialreich von 7.910.000 qkm, wovon der überwiegende Teil, nämlich insgesamt 7.380.000 qkm, ebenfalls erst im Zeitraum von 1880 bis 1912 erobert worden war. Dagegen dehnten sich die deutschen Kolonialbesitzungen auf nur 2.907.000 qkm aus. Diese Landmasse war nach seinem territorialen Umfang im Vergleich zu England und Frankreich unbedeutend. Die überragende Weltstellung, die das historische Fundament Großbritanniens ausmachte, bestimmte Londons Außenpolitik. Eine zentrale Stellung innerhalb des britischen Weltreichs nahm Indien ein: „Jede Unruhe in der Türkei, jede Veränderung in Ägypten, jede Erregung in Persien, Birma, Afghanistan müssen wir mit der größten Sorgfalt beobachten, weil wir die Herrscher von Indien sind“, so der englische Historiker Seeley im Jahre 1883. England empfand sich als Mittelpunkt eines außereuropäischen Reiches, dessen Lebensadern die Verbindung zu Indien waren. Die sogenannte „splendid isolation“ findet hierin ihre Erklärung. Als lebenswichtig sah England daher nicht nur den Seeweg um Afrika, sondern auch den See- und Landweg durch das Mittelmeergebiet an. Europa lag jenseits des Kanals, nicht nur geogra-

phisch, sondern auch im Denken der Briten. Diese Denkweise galt ohne Einschränkung, sie gehörte zum britischen Selbstverständnis. Den Vorrang der britischen Interessen für das Weltreich erklärte Sir Edward Grey in der Times vom 3. Februar 1926, wo er schrieb, daß England und seine Dominions an dem Frieden in Europa weniger interessiert seien als an der Bewahrung des britischen Weltreichs. Ein eigenes Engagement auf dem europäischen Kontinent wurde vom britischen Kabinett deswegen solange vermieden, wie die Kontinentalmächte jene Spielregeln anerkannten, die nach britischer Ansicht das Gleichgewicht der Kräfte auf dem Kontinent garantierten, während die umgekehrte Situation einer Regelverletzung gleichkam. „Warum Frankreich die neue Welt (d. h. seine Eroberung auf dem amerikanischen Kontinent) wieder verlor“, lag nach englischer Auffassung in seinem Schwanken zwischen einer Politik der kolonialen Ausbreitung in Übersee und seinen Eroberungen in Europa. Demgegenüber habe England meistens nur für ein einziges Kriegsziel gekämpft.

Englands Bemühungen um Eingrenzung des Deutschen Reichs

Mit einer noch heute zu bewundernden Selbsteinschätzung betrachtete sich England nicht als „Herr“, sondern als Mittelpunkt eines aus vielen Ländern, die über die ganze Erde verstreut waren, bestehenden Reiches, das der englische Außenminister Edward Grey euphemistisch „Republik der Nationen“ nannte. Zufriedenheit, Entwicklung und eine effektive Verwaltung könnten diese

Länder nur vom englischen Menschen, der „englischen Rasse“ empfangen. George Eliot, die bekannte englische Romanschriftstellerin (1819–1880), meinte, es könne ausgeschlossen werden, daß ein Engländer sich jemals nicht als der überragendste Vertreter des Menschentums empfinden würde. Die reine Wahrheit könne nichts anderes sein als typisch englisch. Dieses schon seit Cromwell bestehende und seitdem nicht mehr in Frage gestellte Bewußtsein einer genuinen Überlegenheit wurzelt in der puritanischen Lehre vom göttlichen Auserwähltsein, das sich dem einzelnen in seinem wirtschaftlichen oder beruflichen Erfolg offenbart. Dem politischen und staatlichen Bewußtsein Englands hat es gedient, diese religiöse Lehre auch auf die Nation als Ganzes zu übertragen, denn England hatte „Erfolg“. Der Sinn der erfolgreichen imperialen Eroberungen konnte mit dieser Glaubensideologie nicht nur rational bekräftigt, sondern auch „göttlich“ gerechtfertigt werden. Das Sendungsbewußtsein der Nation half im Konfliktfall, die Auseinandersetzung „unter dem Zeichen des Kreuzes“ zu führen, es teilte die Welt in „electi“, die Auserwählten, und in „auditores“, die Hörer, d. h. die eben Nichtauserwählten, und führte dazu, eine die eigenen Leute stimulierende Kampfidee zu entwickeln, mit der die Gegner moralisch diffamiert werden konnten. Es handelt sich dabei um eine geistige Kampfstrategie, die bei der Benutzung von schwarzen Menschen zur Sklavenarbeit ebenso angewendet wurde wie in den amerikanischen Eroberungskriegen nicht nur gegen Indianer, sondern auch gegen Spanier, Chinesen, Japaner und endlich auch gegen das Deutsche Reich.

Obwohl weder Indien selbst noch die dahin führenden Land- und Seewege von Deutschland bedroht waren, auch nie eine erkennbare Absicht irgendeiner deutschen Regierung vor 1914 dazu bestand, baute sich in der englischen Öffentlichkeit eine Stimmung des Hasses und des Bedrohtseins auf, die noch von einigen rhetorischen Ungeschicklichkeiten deutscher Politiker unnötigerweise genährt wurde. In der Realität jedoch war diese Furcht unbegründet, und das war der englischen Regierung bewußt, wie sich aus den diplomatischen Akten und Korrespondenzen ergibt. Die eigentliche Ursache des englisch-deutschen Antagonismus lag in der phänomenalen Leistung des Deutschen Reiches auf fast allen Gebieten. Deutschland wollte als das stärkste und modernste Industrieland Europas nicht mehr im Schatten stehen, sondern an der „Weltsonne" ebenfalls einen Platz haben (von Bülow). Deutschland hielt mit seinen Spitzentechniken in Chemie und Elektrizität sowie mit seinem industriellen Organisationstalent den Schlüssel für die technische Modernisierung Europas in der Hand. Die aller technischen Entwicklung gegenüber aufgeschlossenen Amerikaner hatten das richtig erkannt, während die Westeuropäer für diese Erkenntnis noch nicht reif waren. Der „Platz an der Sonne" war jedoch weitgehend besetzt. Südamerika war wirtschaftliche Einflußsphäre der USA, die dort mit massiver Einmischung die meisten Staaten unter dem Stichwort „big stick" als ihre handelspolitische Domäne betrachteten. Rußland als Riesenreich stand ebenfalls außerhalb der Disposition, und in China schlugen sich England, USA, Japan und Rußland bereits um ihren Einfluß. Da blieb für das Deutsche Reich nicht mehr viel übrig. Sanderson, der erfahrene ältere Unterstaatssekretär im Foreign Office, bemerkte 1907, daß sich ein Land wie England der Kritik aussetze, wenn es in jeder gebietsmäßigen Neuverteilung wirtschaftlicher Einflußzonen eine Bedrohung seiner – vorhandenen oder potentiellen – Interessen erblicke und auf diese Theorie fortgesetzt Ansprüche auf Einmischung oder Entschädigung gründe. Das britische Reich müsse daher wie ein ungeheurer Riese erscheinen, „der sich über den Erdball reckt mit gichtisch dicken, sich nach allen Richtungen streckenden Fingern und Zehen, denen man sich nicht nähern kann, ohne ihm ein Gekreisch zu entlocken“. Diese Bemerkung wischte Sir Edward Grey mit einer Handbewegung vom Tisch. Und doch hatte Sanderson recht. Denn selbst die Verfolgung von nur wirtschaftlichen Interessen in der Türkei (Bagdad-Bahn) oder in Marokko durch Deutschland löste bereits „ein Gekreisch“ in England aus, das sogar, wie im Fall Marokko, die Proklamation der Kriegsgefahr durch die Londoner Regierung einschloß. Die Haltung Greys gegenüber Deutschland kam auch in seiner Einschätzung der Lage in Persien zum Ausdruck. Er würde, wie er erklärte, den Norden Persiens gern den Russen überlassen, wünschte sogar die Einflußnahme der Russen dort, nur um Deutschlands Handel von Mittelasien fernzuhalten (Benckendorff an Sasonow am 28. 6. 1914).

Fritz Fischer behauptete in seinem Buch „Griff nach der Weltmacht“, Deutschland wollte die Weltmachtstellung Englands ablösen, sozusagen eine hegemoniale Weltmachtstellung anstreben. Damit verkannte er nicht nur die allgemeine Weltlage, sondern überschätzte auch die militärischen, wirtschaftlichen und politischen Möglichkeiten Deutschlands. Deutschland strebte nach angemessener Teilhabe am wirtschaftlichen Weltgeschehen, wozu nicht notwendigerweise Kolonien, sondern nur eine ungestörte wirtschaftliche Entwicklung mit Auslandsinvestitionen, wie sie heute im Interesse der internationalen Arbeitsteilung (Globalisierung) allgemein erwünscht sind, gehörten. Mit dieser wirtschaftlich begründeten Denkrichtung erwies sich Deutschland im Vergleich mit seinen europäischen Rivalen ebenfalls als der modernere Staat. Die epochale – friedliche – Entwicklung Deutschlands zur ersten Wirtschaftsmacht in Europa drängte geradezu nach internationaler Betätigung, nach internationalen Handelsbeziehungen, was Reichskanzler von Caprivi in der ihm eigenen Rhetorik mit den Worten ausdrückte: „Entweder wir exportieren Maschinen oder wir exportieren Menschen." Die deutschen Industriellen träumten von europäischen Handels- und Industriedimensionen (Walther Rathenau), nicht von Machterweiterungen in der Welt, sie spürten, daß der wirtschaftliche Aufbruch Deutschlands den europäischen Nachbarstaaten zugute kam, durch Güteraustausch, gegenseitige Durchdringung und durch die Vermittlung von Können und Wissen, die Deutschland in reichem Maße besaß. Im Februar 1912 beschrieb der russische Botschafter Graf Benckendorff die Lage Deutschlands wie folgt: „England befindet sich an der Spitze eines ungeheuren Kolonialreichs und ist mit Ländereien gesättigt. Deutschlands Lage ist derjenigen Englands genau entgegengesetzt. Obwohl es strebt, seine kolonialen Besitzungen zu vergrößern, geht Deutschland doch eher auf dem Wege der wirtschaftlichen Durchdringung vor, indem es sich hauptsächlich großartigen wirtschaftlichen Unternehmungen zuwendet, bei denen es jedoch stets auf Widerstand stößt. Der schlagendste Beweis scheint mir die Bagdad-Bahn zu sein."

Die britische Flotte und der „Zwei-Mächte-Standard"

Ganz anders beurteilte die öffentliche Meinung in England und Frankreich die europäische Bedeutung Deutschlands. Beiden Ländern, die mit der wirtschaftlichen und technischen Entwicklung Deutschlands nicht mithalten konnten, war der gesamteuropäische Gedanke zutiefst fremd, und besonders die Engländer sahen in Deutschland nur einen Rivalen, der für ihr reiches und bequemes Leben, das sie auf Kosten ihrer Kolonien führten, eine Gefährdung darstellte (Percy Schramm). Europa interessierte sie nicht. Traditionell wurden die Sicherheitsinteressen Englands nicht von der objektiven Einschätzung der Lage, von den Absichten und Handlungen anderer Staaten, sondern von der eigenen insularen Sichtweise bestimmt. Das führte zum Beispiel dazu, daß die britische Admiralität im Jahre 1889 den sogenannten Two-Power-Standard formulierte, wonach die Stärke der britischen Flotte den beiden nächsten Flottenmächten stets überlegen sein müßte. Da Deutschland mit seiner wirtschaftlichen Kraft und seiner Ingenieurkunst in der Lage war, gleichwertige Schiffe zu bauen, ergaben sich mit dem Beginn der deutschen Flottenrüstung die ersten Friktionen. Londons Diplomaten definierten ohne konkrete Anhaltspunkte, nur aus subjektivem Empfinden: Deutschland strebe die Hegemonie in Europa an und plane eine militärische Invasion in England. Die Invasionsfurcht in England war nicht neu, sie richtete sich – merkwürdigerweise – sogar einmal auf China, doch jetzt konzentrierte sich diese angebliche Furcht auf Deutschland. In dieser Einschätzung trafen sich Publizisten, Historiker und Romanschriftsteller, also diejenigen, die für die Entstehung der öffentlichen Meinung Verantwortung trugen, mit der deutschfeindlichen Clique des Auswärtigen Amtes, die seit 1907 unter Sir Eyre Crowe bestimmenden Einfluß auf die englische Außenpolitik gewonnen hatte.

Flottenübergewicht und „Balance of power“ waren die beiden traditionellen Doktrinen englischer Europapolitik, die sich in dem berüchtigten Memorandum vom 1. Januar 1907 des Seniorclarks im Foreign Office Sir Eyre Crowe dahin niederschlugen, daß Crowe ohne Beweise hypothetisch behauptete, Deutschland trachte danach, das britische Reich zu zerstückeln und zu verdrängen, um in Europa und schließlich in der Welt die deutsche Hegemonie zu errichten. An anderer Stelle wies Crowe auf die Invasionsgefahr durch die deutsche Flotte und die deutsche Armee hin. Gegenteilige Versicherungen der deutschen Diplomaten, die nicht nur auf die gänzliche Abwesenheit eines entsprechenden Willens in Deutschland hinwiesen, sondern auch die militärische Undurchführbarkeit eines derartigen Landemanövers bewiesen, ignorierte Crowe, der sich den Anschein einer analytischen Durchdringung der Weltlage gab, wobei er die Aufrechterhaltung der englischen Seeherrschaft, die deutsche Invasionsgefahr und die Gleichgewichtsforderung als politisches Axiom des britischen Reiches ansah. Warum er bei dieser Untersuchung das Bündnis zwischen Frankreich und Rußland, dessen gegen Deutschland gerichteter aggressiver Inhalt der englischen Diplomatie bekannt war, nicht behandelte und vor allen Dingen nicht die Lage, die für Europa entstehen würde, wenn nach Vernichtung Deutschlands Rußland als einziges europäisches Riesenreich übrigbliebe, läßt den Schluß zu, daß es ihm in erster Linie auf die Einstimmung des Foreign Office in eine gegenüber Deutschland unfreundliche Meinung ankam. Dieser Verdacht wird auch durch die Kommentare Crowes erhärtet, die er zu den verschiedenen Bündnisgesprächen zwischen den Auswärtigen Ämtern der beiden Länder abgegeben hatte: nur Deutschland könne aus Bündnisvereinbarungen mit England einseitigen Nutzen ziehen. Das aber läge nicht im Interesse Englands.

Rußland als Bedrohung der englischen Kolonie Indien

„Unsere führende Stellung unter den asiatischen Mächten und ein hervorragendes Interesse an der Politik aller Länder, die auf dem Wege nach Indien liegen, bedingt die dauernde Nebenbuhlerschaft Rußlands, die im 19. Jahrhundert für England das gleiche bedeutet, wie im 18. Jahrhundert der Wettbewerb mit Frankreich um die Neue Welt“, erklärte der englische Historiker und Vorkämpfer der überseeischen Machtentfaltung Großbritanniens Sir John Robert Seeley (1834–1895) in seiner historischen Vorlesungsreihe „The expansion of England“ (1883). Jetzt fühlte England seine Seewege durch die deutsche Flottenrüstung und die wirtschaftliche Stärke Deutschlands bedroht. Weit größere, nach außen jedoch nicht eingestandene Bedrohungsängste verursachte Rußlands Fähigkeit, in den Norden Indiens auf dem Landwege einfallen zu können. England entschied sich daher bei Abwägung der Vor- und Nachteile von Bündnissen mit

Deutschland oder mit Rußland für ein Arrangement mit Rußland, der stärkeren und von den Küsten Großbritanniens weit entfernten Landmacht, und für eine Distanzierung von Deutschland. Diese Distanz wurde zu einem Grundsatz der englischen Vorkriegspolitik. Denn jede britische Annäherung an Deutschland konnte zu einer Verstimmung Rußlands führen, die man in London fürchtete wie der Teufel das Weihwasser.

An der Fundamentalgegnerschaft Englands konnten auch singuläre Übereinkommen mit Deutschland in den beiden Jahrzehnten vor dem Ausbruch des Ersten Weltkrieges, wie bei den deutsch-britischen Verständigungsbemühungen über Samoa, Helgoland, Kongo und während der beiden Balkankriege 1912/13, nichts ändern. Auch das stillschweigende Übereinkommen zwischen Tirpitz und Churchill in den Jahren 1912 und 1913 über das Verhältnis von 16:10 im Flottenbau, ohne daß sich England zur Neutralität in einem als möglich denkbaren deutsch-französischen Konflikt verpflichtete, änderte an dieser grundsätzlichen Haltung Großbritanniens nichts. Seine Bündnisbereitschaft ließ sich auch nicht durch eine starke Flotte herbeirüsten, wie es gelegentlich in der Berliner Wilhelmstraße erhofft wurde. Daß die weitgehende Bindung Englands an Frankreich und Rußland eine brisante Lage in Europa schuf, erkannte Grey sehr deutlich. Er hielt alle diese Vereinbarungen deshalb vor der britischen Öffentlichkeit und dem Kabinett geheim, obwohl die Kontakte mit Rußland zu Vereinbarungen mit bindendem Inhalt geführt hatten. Die Ablehnung, mit Deutschland Bündnisgespräche zu führen, beruhte auf der Befürchtung der Briten, eine Annäherung an Deutschland könne das Bündnis mit Frankreich und Rußland gefährden. Die Nordgrenze Indiens konnte mit einer noch so starken Flotte nicht gegen russische Einfälle gesichert werden. Also zog man es vor, Rußland nicht zu verärgern und ihm keinen Vorwand für einen Rückzug aus dem Bündnis zu geben. Im Verhältnis zu Deutschland genügte den Briten ein unverbindlicher „modus vivendi".

Sir Arthur Nicolson, Unterstaatssekretär im Foreign Office, auch einer der führenden deutschfeindlichen Beamten im englischen Außenministerium, schrieb an den englischen Botschafter in Wien am 27. April 1914: „Militärische Hilfe braucht Rußland von uns nicht, selbst wenn wir in der Lage wären, solche zu leisten. Ich weiß, daß, wenn wir nicht die Bande mit Rußland enger zu knüpfen versuchen, dieses unser überdrüssig werden und uns über Bord werfen könnte. In solchem Falle befänden wir uns in äußerst mißlicher Lage, da es uns im Mittleren und Fernen Osten, gelinde ausgedrückt, unendlich viel Verdruß bereiten könnte, ohne daß wir Wiedervergeltung zu üben vermöchten. Es würde in Persien, an den Grenzen Afghanistans sowie in der Mongolei ganz nach Belieben schalten, und wir wären völlig außerstande, zur Mäßigung seiner Haltung irgendwelche Schritte zu unternehmen. Es könnte, ohne feindselig zu sein, unserem Ansehen unermeßlichen Schaden zufügen und unsere politische Stellung in Indien und den angrenzenden Ländern ernstlich erschüttern. Dies bedeutet für mich ein solches Alpdrücken, daß ich mir Rußlands Freundschaft fast um jeden Preis erhielte. Vom rein politischen Gesichtspunkt aus unterliegt es keinem Zweifel, daß der richtige Weg für uns der wäre, unsere beiden Einvernehmen in feste Bündnisse umzuwandeln." Der englische

Botschafter in St. Petersburg Buchanan schreibt zu dieser Frage an Nicolson am 16. April 1914: „Ich bin mir vollauf der Schwierigkeiten bewußt, die einem derartigen Abkommen entgegenstehen, aber ich kann mich nicht des Gefühls erwehren, daß wir große Gefahr laufen, wenn wir nichts zur Festigung unseres Einvernehmens tun. Rußland wird rasch so mächtig, daß wir uns seine Freundschaft fast um jeden Preis erhalten müssen. Wenn es die Überzeugung gewinnt, daß wir als Freund unzuverlässig und nutzlos sind, könnte es eines Tages einen Handel mit Deutschland eingehen und seine Handlungsfreiheit in der Türkei und Persien wiedererlangen. Unsere Lage wäre dann recht übel."

Riezler vermerkte unter dem 27. 7. 1914 in seinem Tagebuch, daß England und Frankreich eine Verstimmung Rußlands befürchteten, wenn sie Rußland keine Unterstützung zusagten. Sie unterschätzten gleichzeitig den Zwang Deutschlands, im Falle einer russischen Mobilisation Gegenmaßnahmen ergreifen zu müssen.

So hatten Neid und Haß auf Deutschland die „ungleichen Brüder" Frankreich, England und Rußland geeint. In keinem dieser drei Länder stand ein Staatsmann am Ruder, der die Fähigkeit besaß und den Weitblick, dieses mächtige Bündnissystem für Europa erträglich zu machen. Diese übermächtige Koalition zu Lasten der Mittelmächte hat das europäische Mächtegleichgewicht aus den Angeln gehoben, womit der europäische Konflikt in der Juli-Krise 1914 bereits angelegt war, zumal da England und Frankreich sich fast „à tout prix" Rußland anbiederten, diesem unregierbaren und brodelnden Koloß, ohne dessen Macht unter Kontrolle halten zu können oder die Kontrolle überhaupt ausüben zu wollen.

Der „Militarismus“ und die Einkreisung

Aus deutscher Sicht mußte die von England, Rußland und Frankreich gebildete Koalition eine tödliche Bedrohung darstellen, zumal da sich ihr Zusammenhalt nur auf das gemeinsame Ziel der Niederringung und Kontrolle Deutschlands gründete. Denn sonst gab es zwischen diesen Ländern keine verbindenden Interessen. Deutschland befand sich dadurch in einem Zustand, den Bismarck mit dem Alptraum der Einkreisung kennzeichnete und der den Preußenkönig Friedrich Wilhelm I. (1713–1740) als Konsequenz auf den Dreißigjährigen Krieg wie auch auf den Spanischen Erbfolgekrieg und den Nordischen Krieg eine Armee aufstellen ließ, die mit 80.000 Mann zahlenmäßig zwar kleiner als die französische Streitmacht mit 400.000 Soldaten war, aber dank ihrer guten Ausbildung und ihrer Disziplin in der Lage war, angriffsfreudige „Nachbarn“ abzuschrecken. Es war die Geburtsstunde einer Selbstverteidigungsstrategie, die auf dem Gedanken der Abschreckung beruhte. Eine solche militärische Abschreckungsdoktrin wurde im Zeitalter des Kalten Krieges sowohl von den USA wie auch von Sowjetrußland als Grundlage und Sicherung des allgemeinen Friedens anerkannt. Die Notwendigkeit zur Unterhaltung einer leistungsfähigen Armee ergab sich aus der preußischen – später der deutschen – Geographie. Preußen hatte in den Jahren 1701–1714 als Partner der großen Koalition der europäischen Mächte Truppen in dem von England und Habsburg-Österreich gegen Frankreich geführten Spanischen Erbfolgekrieg zur Verfügung gestellt. In der Schlacht bei Malplaquet am 11. September 1709, die kriegsentscheidend war, hatten die Preußen eine bedeutende Rolle gespielt. Beim Friedensschluß zu Utrecht wurden die preußischen Interessen trotzdem nicht berücksichtigt. Schweden behielt seine deutschen Gebiete. Durch den Bündnisverrat Englands hatte Frankreich gegenüber Preußen und Österreich seinen hegemonialen Einfluß in Europa zurückgewonnen. Ebenso wie Österreich war es an einer Stärkung Preußens nicht interessiert. Rußland und Schweden wiederum nahmen sich während ihrer kriegerischen Auseinandersetzungen, die fast zur gleichen Zeit stattfanden und als „Nordischer Krieg" in die Geschichtswissenschaft eingegangen sind, das Recht heraus, Preußen nicht nur als Durchmarschgebiet, sondern auch ungefragt zur Überwinterung und Verpflegung ihrer Truppen aus preußischen Magazinen zu mißbrauchen. Weder Frankreich noch England als der „Wächter" des europäischen Gleichgewichts nahmen Anstoß an dieser Mißachtung der Souveränität eines Staates. Preußen konnte infolge seiner Schwäche diese Übergriffe und die hochmütige Behandlung seiner Truppen durch Marlborough nur ohnmächtig über sich ergehen lassen. Der Kronprinz und spätere König Friedrich Wilhelm I. hat den Zustand Preußens, der Willkür der Flügelmächte als Spielball ausgesetzt zu sein, mit seiner Militärpolitik beendet. Qualität gegen Quantität. Man könnte es die Geburtsstunde derjenigen deutschen Militärdoktrin nennen, die von Wilson und seinen mit der europäischen Geschichte wenig vertrauten amerikanischen Landsleuten bis zum heutigen Tage als Militarismus diffamiert wird. Gleichwohl gab es für Preußen und später für Deutschland vom 18. bis zum 20. Jahrhundert im Interesse seiner Selbsterhaltung zu dieser Politik keine Alternative. Der spätere englische Premierminister Lloyd George stellte am 31. Dezember 1913 in einem Aufsatz in zutreffender Einschätzung der deutschen Lage fest: „Eine straffe deutsche Armee ist eine Lebensnotwendigkeit nicht nur für das Deutsche Reich, sondern auch für die Existenz und Unabhängigkeit der Nation, da Deutschland von zwei Seiten flankiert ist, deren jede eine fast ebenso starke Armee unterhält. Das Land wurde so oft von seinen Feinden besetzt, überrannt und zerstört, daß es sich keinen neuen ähnlichen Gefahren aussetzen darf. Wir dürfen auch nicht vergessen, daß, während wir eine Überlegenheit von 60 % über die Seestreitkräfte Deutschlands fordern, Deutschland selbst in militärischer Hinsicht nicht einmal Frankreich gegenüber eine solche Überlegenheit besitzt, und außerdem hat es auch mit Rußland zu rechnen. Deutschland aber erhebt keinen Anspruch auf einen Zwei-Mächte-Standard."

Zwischen den beiden mächtigen Nachbarn Frankreich und Rußland eingekeilt zu sein, erforderte von der deutschen Außenpolitik ein beträchtliches Maß an Taktik und Geschick, an denen es in der Zeit nach Bismarck leider häufig fehlte. Auf der einen Seite verlangte der industrielle und wissenschaftliche Stand Deutschlands Gleichberechtigung auf dem globalen „Playground", auf der anderen Seite erforderte die geographische Lage Zurückhaltung und die Notwendigkeit von Bundesgenossen. „Der wesentlichste Bestimmungsgrad unseres monarchisch-konstitutionellen Regierungssystems liegt in der Tatsache, daß wir von den größten Militärmächten des Kontinents umgeben sind und daß ein enormer militärisch-politischer Druck von außen auf unseren langen, von Natur ungeschützten Grenzen lastet. Daher bedarf es einer straffen Zusammenfassung im inneren, um diesem Druck Widerstand zu leisten" (Otto Hintze).

Deutschland, das führende Land in Europa

Mit Zurückhaltung hat noch kein Land Märkte erschlossen, weder England noch die USA. Gerade die USA haben im Verlauf des 19. Jahrhunderts eine erbarmungslose Aggressivität in ihrer inneren und äußeren Ausdehnung gezeigt, wie sie in dieser Stärke vom Deutschen Reich weder gegenüber seiner Bevölkerung noch gegenüber seinen Nachbarn jemals angewendet worden ist. Mit der Reichseinheit 1871 sahen sich die Deutschen endlich am Ende einer Bahn angekommen, die von Kriegen, Verwüstungen und der Mißgunst seiner Nachbarn umsäumt war. Die Jungen lebten mit strotzendem Selbstbewußtsein, die Alten waren skeptisch und fürchteten, der Traum könnte sich wieder auflösen. Typisch war die Rede des Kaisers an die Schüler der Oberprima seines ehemaligen Gymnasiums in Kassel: „Betreiben Sie vaterländische Geschichte und lernen sie das Elend unseres Volkes in den letzten Zeiten des Mittelalters, in den Kämpfen zwischen Staat und Kirche und zwischen den Fürsten und den Streit der Konfessionen im Dreißigjährigen Kriege kennen, wo unser Volk zerstampft wurde, verbraucht im Dienste fremder Völker, mit denen seine Interessen gar nichts zu tun hatten, bis auf den großen Zusammenbruch zur Zeit Napoleons. Erst das Jahr 1870 hat uns den einheitlichen Staat wiedergegeben." Daß dieses Reich seine Fähigkeiten nun unbeschwert von inneren Streitigkeiten, die noch aus der Zeit der Entstehung des Zollvereins (1834) im geschichtlich gebildeten Teil der deutschen Bürger in Erinnerung waren, voll entfalten konnte, stärkte das deutsche Selbstbewußtsein. Deutschland entwickelte sich in knapp 25 Jahren durch friedliche Anstrengung, nicht durch territoriale Eroberungen, zum Zentrum von Industrie, Handel und Wissenschaft auf dem Kontinent. Seine Leistungen wurden bewundert, in Europa aber löste diese Leistung Leidenschaften von Neid und Mißgunst aus.

In den Zukunftstechniken Elektrizität und Chemie stand Deutschland um 1900 an der Spitze in der Welt. Seine Chemieproduktion war im Vergleich zu den USA, dem nächstwichtigen Chemieproduzenten, fast doppelt so hoch. Unangefochten beherrschte die deutsche Chemieindustrie mit 90 % den Markt für synthetische Farben, die in Deutschland ihren Ausgang genommen hatten. In der Erzeugung von elektrischer Energie wurden England und Frankreich um das Fünffache übertroffen. „Die Elektroindustrie war die größte industrielle Einzelleistung des modernen Deutschlands. Die Welt stand vor einem Komplex neuer wissenschaftlicher und wirtschaftlicher Probleme. In der Bearbeitung dieser Probleme übernahm Deutschland, das nun ein vollindustrialisierter Staat war, die Führung. Entwicklungen, die sich in England über ein Jahrhundert und in Amerika über 40 Jahre ausdehnten, nahmen in Deutschland kaum ein Jahrzehnt in Anspruch, weil es über ein höheres Bildungsniveau als alle anderen Länder verfügte“ (Bertrand Russell). Fast 60 % der deutschen Elektroindustrie befanden sich in Berlin, das sich zur „größten Zentrale der elektrotechnischen Produktion der Welt“ entwickelte.

Die deutsche Innovationsstärke beruhte auf dem engen Zusammenwirken von Wissenschaft und Produktion. Deutschland war unumstritten die führende Nation der Wissenschaft. Noch bis zum Ende der zwanziger Jahre wurden fast 80 % der wichtigen naturwissenschaftlichen Literatur in deutscher Sprache gedruckt und verbreitet. Die Deutschen konnten lesen und schreiben, die Analphabetenquote betrug nur etwa 1 %, womit Deutschland – gemeinsam mit der Schweiz – ebenfalls eine einmalige Stellung in der Welt einnahm. In dem von landsmannschaftlichen und religiösen Gegensätzen, von gesellschaftlichen und sozialen Spannungen und einer relativ hohen Bevölkerungsdichte geprägten Land, wie es das Deutsche Reich schon damals war, konnten sich Industrie und Wissenschaft nur unter dem Dach einer straffen und leistungsfähigen Verwaltung und einer hochentwickelten Gerichtsbarkeit, die Vertrauen genoß, zu dem entwickeln, was sie wurden. Das Deutsche Reich war ein Rechtsstaat par excellence. Die preußisch-deutsche Bürokratie wurde wegen ihrer Leistung weltweit bewundert, ihr das allerhöchste Lob gezollt. Es war die „beste, die die Welt je gesehen hat" (James Bryce).

Serbischer Terrorismus und die Kriegseröffnung

Betrachten wir nun Österreich-Ungarn: Im Gegensatz zu Rußland war die Donaumonarchie seit dem sogenannten österreichisch-ungarischen „Ausgleich" von 1865 bestrebt, ihren inneren Zerfall durch Liberalisierung und Gewährung von Autonomierechten an die verschiedenen ethnischen Volksgruppen aufzuhalten. Von den rund

50 Millionen Einwohnern der Doppelmonarchie bedienten sich nur 11 Millionen des Deutschen als Muttersprache. Tschechen, Slowaken, Polen, Ruthenen, Serbokroaten, Slowenen, Juden, Italiener, Rumänen, Magyaren und Kroaten stellten den Rest der Bevölkerung. Hauptvertreter dieser „weichen Linie" war der Thronfolger Erzherzog Franz Ferdinand, nicht sehr beliebt und von Kaiser Franz Joseph nicht hoch geschätzt. Mit der Gewährung von mehr Selbstverwaltungsrechten innerhalb des Kaiserreiches wollte er die Attraktion eines – wirtschaftlich schwachen – großserbischen Staates unterlaufen und damit den serbischen Terrorismus isolieren. Diese Absicht wurde von der serbischen Terrororganisation „Schwarze Hand" erkannt. Die Verschwörer der „Schwarzen Hand" beschlossen im Sommer 1914 die Beseitigung des Erzherzogs. Das Attentat sollte scharfe österreichische Maßnahmen veranlassen, diese die russische Mobilmachung hervorrufen und diese dann wiederum die deutsche Mobilmachung provozieren. Frankreich müßte hierauf antworten. Der erhoffte große Konflikt wäre da. Es ist gespenstisch, alles verlief nach diesem Plan, die Erwartungen der Terroristen wurden sogar noch dadurch übertroffen, daß selbst Weltmächte wie England und später Amerika sich auf ihre Seite stellten. Neutrale Historiker und Völkerrechtler stellten 1927 fest: „Was für Gründe und Anlässe es auch waren, es bleibt die Tatsache, daß die alliierten Mächte sich um den Staat geschart haben, der Ausgangspunkt eines internationalen Verbrechens geworden ist, und daß sie das Verbrechen gegen Aufklärung und Strafe deckten, und daß sie Front gegen den Staat (Österreich) gemacht haben, der Opfer dieses Verbrechens geworden war."

Mit einer unbedingten Beistandserklärung (Blankovollmacht) des Deutschen Reiches im Rücken, erklärte Österreich nach einer als unbefriedigend beurteilten Antwort auf seine Note an die serbische Regierung, in der es Aufklärung des Attentats vom 28. Juni 1914 unter Beteiligung von österreichischen Beamten gefordert hatte, am 28. Juli 1914 Serbien den Krieg. Zar Nikolaus II. reagierte sofort und ohne Konsultation seiner Verbündeten Frankreich und England mit der Teilmobilmachung seiner Armee; zwei Tage später, am 30. Juli 1914, mit der Vollmobilmachung aller russischen Armeen, das heißt von 1,2 Millionen Soldaten. Mobilmachung auch in Frankreich. Hierauf reagierte wiederum die Reichsregierung aus verständlicher Furcht, nicht den ersten entscheidenden Schlag führen zu können und dadurch in einen tödlichen Zweifrontenkrieg gezwungen zu werden, mit der Mobilmachung in Deutschland, der Kriegserklärung am 1. August 1914 an Rußland, zwei Tage später, am 3. August, auch an Frankreich. Der Einmarsch deutscher Truppen in das neutrale Belgien gibt England, das sich auf diesen Eventualfall in zwei Jahrzehnten vorbereitet hatte, den Vorwand zum Kriegseintritt an der Seite seiner Verbündeten.

Karl Dietrich Erdmann zitiert in Gebhardts „Handbuch der Deutschen Geschichte“ (Seite 94) die berühmten Sätze von Lloyd George, dem späteren englischen Kriegspremier, mit denen dieser die Frage nach der Kriegsschuld schon damals relativierte: „Hätte es in Deutschland einen Bismarck, in Großbritannien einen Palmerston, in Amerika einen Roosevelt oder in Paris einen Clemenceau an der Macht gegeben, dann hätte die Kriegskatastrophe vermieden werden können und wäre meiner Überzeugung nach vermieden worden. Aber in keinem der großen Staaten sah man einen Mann von dieser Qualität am Ruder. Keiner der führenden Männer dieser Zeit hat den Krieg tatsächlich gewollt. Sie glitten gewissermaßen hinein, oder besser sie taumelten oder stolperten hinein, vielleicht aus Torheit." So sehr wir diese These von Lloyd George als Begründung für den Ausbruch des Ersten Weltkrieges heute akzeptieren können, so wenig befriedigt es uns, hierbei nicht auf die Brisanz hinzuweisen, die gerade dem französisch-russischen und englisch-russischen Militärbündnis für den Ausbruch des Ersten Weltkrieges zukommt. Auf die große Bedeutung dieser Abkommen für die Vorgeschichte des Ersten Weltkrieges hat der amerikanische Historiker und Diplomat George F. Kennan in seinem von der deutschen Geschichtswissenschaft leider wenig beachteten Buch „The decline of Bismarck's european order" hingewiesen. Seine Studien beruhen auf einem intensiven und gründlichen Studium der russischen und französischen Akten zur Vorgeschichte des Ersten Weltkriegs.

Am 1. August 1914 schrieb die englische Zeitung „Daily News", die nicht zum deutschfeindlichen Harmsworth-Konzern gehörte, daß es in Englands Hand läge, ob Europa von Blut überfließen solle. „Wir können den Frieden erhalten, wenn wir den Zaren wissen lassen, daß er seine Schlachten allein schlagen und die Folgen selber tragen muß. Wenn die englische Regierung das nicht tut, wird sie den schwersten Fluch der Menschheit auf sich laden." Doch Grey wollte es anders. Die „Intimität" seiner Beziehungen zu Frankreich führte dazu, daß Poincaré mit dem englischen Bündnisversprechen im Gepäck den Russen bei seinem Besuch in St. Petersburg

Fürst Bernhard von Bülow

Theobald von Bethmann Hollweg

vom 20. bis 23. Juli 1914, also nur knapp vier Wochen nach dem Attentat von Sarajewo, die Zusicherung der englisch-französischen Bündnistreue im Konfliktfalle geben konnte. Erst 7 Jahre nach Kriegsende hat Grey seine Doppelzüngigkeit gegenüber Deutschland bezüglich einer angeblich möglichen britischen Neutralität angesichts der Dokumente, die von der englischen Regierung unter James Ramsay Macdonald in den zwanziger Jahren veröffentlicht wurden, nicht mehr länger abstreiten können.

Die Schlüsselrolle der USA im Krieg gegen Deutschland

Bei Kriegsausbruch standen sich an Linienschiffen, Panzerkreuzern und Großkampfschiffen gegenüber: 181 Einheiten mit 2.989.000 Tonnen auf französisch/englischer Seite gegen 83 Einheiten mit 1.103.000 Tonnen auf deutscher Seite. Nicht eingerechnet sind hierbei die unbedeutenden Seestreitkräfte der Russen und Österreicher.

Zu Lande stellte die deutsch/österreichische Seite 3,7 Millionen Soldaten gegen 5,8 Millionen auf der Seite der Alliierten. Während des Verlaufs des Krieges mobilisierten die Mittelmächte 22,8 Millionen, die Ententemächte 41,25 Millionen Soldaten. Vom ersten Tag der Kriegshandlung an unterstützten die „neutralen" USA massiv die Ententemächte. In den ersten 1 1/2 Jahren hatten die Lieferungen an Kriegsgütern der USA allein an Großbritannien einen Wert von 2,3 Milliarden Dollar. Um welche Größenordnung es sich hierbei handelt, ergibt der Vergleich mit den jährlichen Rüstungsausgaben Englands vor dem Krieg: es waren im Durchschnitt der Jahre 1907 bis 1914 jährlich 340 Millionen Dollar. Die amerikanische Kriegshilfe betrug also am Anfang jährlich das Fünffache des englischen Rüstungsetats und steigerte sich auf das Zehnfache in den letzten Kriegsjahren. Insgesamt unterstützten die USA ihren Verbündeten England mit 11 Milliarden Dollar und wendeten selbst noch zusätzlich mehr als 20 Milliarden Dollar auf, eine ungeheure Summe im Vergleich mit den 750 Millionen Dollar des höchsten Vorkriegsbudgets der USA und im Vergleich mit den finanziellen Möglichkeiten der Mittelmächte. Der erste Präsident der berühmten Kaiser-Wilhelm-Gesellschaft (heute Max-Planck-Gesellschaft) in Berlin Adolf von Harnack machte schon während des Krieges darauf aufmerksam, daß die amerikanischen „Weltverbesserer" alles im Überfluß lieferten und wahrscheinlich mehr amerikanische als englische, französische oder russische Kugeln die deutschen Soldaten durchbohrt hätten. England war von den USA bis zum Kriegsende total abhängig.

Nach ihren anfänglichen Erfolgen an der Westfront wurden die deutschen Armeen von den Franzosen an der Marne aufgehalten. Es kam zu einem für beide Seiten verlustreichen Stellungskrieg. Von Februar bis Juli 1916 bestürmte die 5. deutsche Armee unter dem Oberbefehl des deutschen Kronprinzen in wechselvollen Kämpfen vergeblich die Festungsanlagen vor Verdun. Im Juni hielten die 2. und die 3. deutsche Armee unter General von Bülow und von Hausen dem Durchbruchsversuch der Briten in der Schlacht an der Somme stand. Bis auf ein geringes Eindrücken der deutschen Front gelang den Alliierten an der Somme kein Durchbruch.

Diese beiden Schlachten kosteten 1.695.000 Soldaten das Leben, eine schreckliche Bilanz des Todes:

Verdun:	360.000 Franzosen	335.000 Deutsche
Somme	200.000 Franzosen	400.000 Deutsche
	400.000 Briten	
	960.000 Alliierte	735.000 Deutsche

Warum haben die Politiker der Entente-Mächte nicht wenigstens jetzt, im Jahre 1916, im Interesse der Menschen und im Interesse Europas die Kraft zur Einsicht und Einkehr gehabt? Nachdem die Länder in den „Krieg hineingeschlittert sind", ihn zu vermeiden unfähig waren, hätten sie jetzt die Notwendigkeit zu seiner schnellstmöglichen Beendigung erkennen und alle Anstrengungen zu einem Frieden unter Wahrung der Würde der Nationen ergreifen müssen, wie das so oft in der Geschichte den Staatsmännern Europas gelungen war. Denn eins war jetzt schon klar: als Sieger konnte kein Land, mit Ausnahme der USA, die Bühne verlassen. Ein länger dauernder Krieg war von keinem Lande erwartet worden, schon gar nicht von Rußland, das in blinder Überschätzung seiner Kräfte „den Tanz" eröffnet hatte. Während die Soldaten beider Seiten an der Somme und vor Verdun verbluteten, trafen sich die Politiker der Entente-Mächte im Sommer 1916 zu einer Wirtschaftskonferenz in Paris, um dort die Niederwerfung der deutschen Wirtschaft als verbindliches Kriegsziel zu beschließen. Sie einigten sich darauf, den Zugang der deutschen Wirtschaft zu den Weltrohstoffreserven zu kontrollieren und Deutschland auch nach dem Kriege militärisch und wirtschaftlich niederzuhalten. Es war ein Rückschritt in das Denken des 18. Jahrhunderts. In den von den Alliierten diktierten

Friedensbedingungen in Versailles fand diese Vereinbarung ihren Niederschlag.

Es fällt noch heute schwer, für den Fanatismus der englisch-französischen Politiker angesichts der wirtschaftlichen Bedeutung Deutschlands für Europa auch nur ein Wort des Verständnisses zu finden. Von einem funktionierenden Weltwirtschaftssystem hatten sie keine Vorstellung. Gerade England hatte große Wirtschaftsdenker wie Adam Smith oder David Hume hervorgebracht. Ein Blick in deren Werke hätte ihnen zeigen können, wie absurd ihre Politik zur Gestaltung der Nachkriegswirtschaft sowohl im nationalen wie im internationalen Rahmen war. So wünschte sich David Hume „als Mensch und als britischer Bürger" eine gesunde Wirtschaft in Deutschland und in Frankreich, mit dem sich England damals (1758) im Kriegszustand befand; denn Handel könne man nur mit blühenden Wirtschaften treiben, was den Wohlstand beider Handelspartner erhöhe. Auch Keynes war in England schon ein bekannter Nationalökonom. Er hat die Vereinbarungen auf der Pariser Wirtschaftskonferenz und die spätere Regelung des Versailler Vertrages aus wirtschaftlichen, moralischen und politischen Gründen auf das Schärfste verurteilt.

USA verhindern einen Verhandlungsfrieden

Bis zum Ende des Jahres 1916 gab es während des Kriegsverlaufs keinen eindeutigen Sieger. Rußland trat als Folge seiner Revolution im März 1917 aus dem Kreis der deutschen Kriegsgegner aus, nachdem die russischen Revolutionäre zunächst einige Monate den Kampf mit geringerer Energie fortgeführt hatten. Es blieben neben Österreich und Italien, beide in ihrer militärischen Kraft kaum kriegsentscheidend, als Kombattanten noch England, Frankreich und Deutschland sowie als Macht im Hintergrund die USA übrig.

Im Herbst 1916 hatte der amerikanische Präsident Woodrow Wilson seinen Wahlkampf mit dem Versprechen, Amerika aus dem Krieg herauszuhalten, gewonnen. Jetzt erneuerte er seine schon seit 1915 bestehende Bereitschaft, von der indirekten zu einer direkten Kriegsbeteiligung der USA überzugehen. Die Engländer rechneten daher seit Dezember 1916 fest mit dem Kriegseintritt der USA. Der amerikanische Außenminister Robert Lansing hatte ihnen im Auftrag Wilsons, also knapp 6 Wochen nach Wilsons Wiederwahl zum Präsidenten, am 21. Dezember 1916 einen „Wink" gegeben, daß Amerika nicht nur mit Subsidien, sondern auch aktiv in den Krieg eintreten werde. Der Präsident und seine engsten Berater Lansing und Oberst House waren über die bedrohliche Lage Englands gut informiert, Charles William Eliot, der ehemalige Präsident der Harvard-University (1869-1909) und mit Wilson befreundet, benutzte seine Stellung und seine Eloquenz als Gelehrter, um Wilson von der Notwendigkeit des aktiven Kriegseintritts der USA zu überzeugen. Hinzu kam, daß auch die amerikanische Großwirtschaft nichts mehr fürchtete als eine Niederlage Englands, ihres Hauptschuldners. Der unter der Leitung des Senators Gerald P. Nye stehende Kongreßausschuß kam in den dreißiger Jahren zu dem Ergebnis, die Beteiligung Amerikas am europäischen Krieg sei auf den Einfluß von Wirtschaftskreisen der Rüstungsindustrie, „den Kaufleuten des Todes", zurückzuführen gewesen. Die drastische Wortwahl in dieser offiziellen Erklärung, 15 Jahre nach dem Ende des Mordens, entsprach durchaus der unbarmherzigen und aggressiven Mentalität der amerikanischen Führungsschicht, die von dem Briten Bertrand Russell (Freedom and Organization) in den dreißiger Jahren gegeißelt wurde.

Angesichts der bedrohlicher werdenden Lage des despotischen Bundesgenossen Rußland und der daraus folgenden Schwächung des Bündnisses wurde eine amerikanische Truppenentsendung nach Europa, um eine Niederlage Frankreichs und Englands zu vermeiden, unausweichlich. In der Gewißheit des amerikanischen Kriegseintritts lehnten Engländer und Franzosen Angebote oder Vermittlungsversuche zu Friedensverhandlungen ab, unbeschadet der Seite, von der sie unterbreitet wurden. Auch wenn Kausalität bei geschichtlichen Abläufen prinzipiell fragwürdig ist, hier kann sie nicht bestritten werden: Der Ruin Europas war eine unmittelbare Folge der Verweigerung von Friedensverhandlungen durch England und Frankreich, und diese Verweigerungshaltung wiederum war die unmittelbare Folge der amerikanischen Kriegsbeteiligung. Am Ende des 20. Jahrhunderts kann man angesichts seines Verlaufs nur mit Verzweiflung und größter Traurigkeit an die nicht genutzten Möglichkeiten in den ersten Monaten des Jahres 1917 denken. Es gehört nicht viel Vorstellungskraft dazu, sich auszumalen, was geschehen wäre, wenn die europäischen Mächte unter dem Zwang der Kriegslage miteinander alle Fragen hätten behandeln müssen, die zu der unerträglichen Spannung im Vorkriegseuropa geführt hatten. Sie hätten die bisher aus Macht- und Prestigegründen verweigerten Gespräche nicht mehr ablehnen können,

Alfred von Tirpitz

Sir Winston Churchill

Robert Lansing

Sir Harold Nicolson

vermutlich auch nicht mehr ablehnen wollen. Eine große Chance wurde infolge der amerikanischen Kriegsbeteiligung nicht genutzt. Europa als gleichgewichtiges Machtzentrum neben den USA! Ein echtes globales Gleichgewicht – die Welt hätte heute ein anderes Gesicht. Statt dessen forderte der britische Premierminister, die USA im Rücken, in seinem berüchtigten Knock-out-Interview im September 1916, das „Germania esse delenda“: Deutschland muß zerstört werden.
So neutral sich Wilson nach außen zu geben versuchte, er war nicht neutral, er wollte die Niederlage Deutschlands, das er nicht als gleichberechtigten Verhandlungspartner zu akzeptieren bereit war. Es ist daher nicht verwunderlich, daß Wilson in seiner Antwort an McCumber am 19.8.1919 im Weißen Haus zugegeben hat, daß er stets die Absicht gehabt habe, unter allen Umständen, also auch ohne den uneingeschränkten U-Boot-Einsatz, am Krieg gegen Deutschland teilzunehmen. Er habe, wie er Clemenceau 1919 eingestanden hat, Deutschland immer feindlich gegenübergestanden. Auf seinen ständigen Kriegswillen weisen auch Sigmund Freud und W. C. Bullitt in ihrer psychologischen Studie über Wilson hin.

Kriegserklärung der USA an Deutschland war ein aggressiver Akt

Als sich mit der russischen Revolution im März 1917 ein Ausscheren Rußlands aus der Entente abzeichnete, auch wenn Kerenski zunächst weiterkämpfen ließ bei gleichzeitiger Rücknahme russischer Truppen an einigen Frontabschnitten, wurde der Einsatz amerikanischer Truppen in Europa jetzt ins Auge gefaßt. So wie die Explosion eines amerikanischen Kriegsschiffes in Havanna, die wahrscheinlich vom amerikanischen Geheimdienst inszeniert worden war, der Hearst- und Pulitzer-Presse zum Aufwiegeln der öffentlichen Meinung für den Krieg der USA gegen Spanien 1898 gedient hatte, so wurde jetzt der unbeschränkte deutsche U-Boot-Krieg von Wilson zum Vorwand genommen und zur Rechtfertigung gegenüber seinen Wählern für den Kriegseintritt der USA gegen Deutschland, obwohl die USA nirgendwo und nirgendwann von Deutschland bedroht worden waren. Die indirekte und mehr noch die direkte Beteiligung der USA am Krieg gegen Deutschland war ein aggressiver Akt von ungeheurer internationaler Brutalität. Diese Aggression wurde von einem Staat verübt, der sich mit seinem demokratischen Regierungssystem allen anderen Ländern gegenüber als überlegen empfand. Bismarck hatte schon 1878 eine Vorahnung von der Gefährlichkeit demokratischer Regierungssysteme englischer oder amerikanischer Spielart: „Es werden die Redner sein, die durch ihre Beredsamkeit die große Masse für sich gewinnen, gegen sie wird kein Appell sein, das werden die erbarmungslosesten Tyrannen sein, die anderen aber ihre Knechte."

Zwischen England und den USA bestanden auch keine Bündnisverträge, die den Kriegseintritt der USA etwa vertraglich erzwungen hätten. Im Herbst 1914 forderten amerikanische Bürger den Präsidenten Wilson auf, ein Waffenembargo zu verhängen und den Export von Kriegsartikeln nach Europa zu verbieten. Wilson lehnte am 14. Oktober 1914 ein solches Verbot ab, denn „Privatleute müßten ungehindert Sprengstoffe und Waffen-

Thomas Woodrow Wilson

Philipp Scheidemann

gerät versenden können, soviel und wohin sie wollten". Als weitere Antwort auf die Petition forderte er andererseits erneut alle „Gottesfürchtigen" zu einem Bettag gegen den Krieg auf, „daß der Allmächtige sich der im Krieg befindlichen Völker erbarmen möge". Am 20. Januar 1915 untersagte der Präsident, Anleihen mit deutschen Schuldnern in den USA aufzulegen mit der Begründung, Kriegsdarlehen zu gewähren sei unvereinbar mit der amerikanischen Neutralität. Wenig später in diesem Jahr und vermehrt in den folgenden Jahren ließ er englisch-französische Kriegsanleihen ohne Einschränkung in den USA zur Zeichnung zu. Sein Außenminister William Bryan forderte am 22. Februar 1915 einerseits die Engländer auf, die Hungerblockade gegen Deutschland aufzuheben und andererseits Deutschland, den U-Boot-Krieg einzustellen. Deutschland nahm den Vorschlag an, England lehnte ab. Als Bryan dem Präsidenten gegenüber Einspruch gegen die Einseitigkeit seiner Politik erhob und ihm vorhielt, seine Politik sei ein Bruch der von den USA allen kriegführenden Staaten gegenüber zugesagten Friedens- und Neutralitätspolitik, veranlaßte Wilson ihn zum Rücktritt, der am 9. Juni 1915 erfolgte. Gegen die Lebensmittelblockade durch England, die schon nach damaliger Rechtsauffassung gegen das geltende Völkerrecht verstieß, erhob der Präsident zwar Einwendungen, die aber mehr einer familiären Auseinandersetzung ähnelten als einem völkerrechtlich wirksamen Protest. Demgegenüber forderte er mit massiven Drohungen Deutschland zur Einstellung des U-Boot-Krieges auf. Rechtlich stellte sich die englische Lebensmittelblockade gegen die deutsche Zivilbevölkerung als Verletzung des Völkerrechts dar, die mit einer Repressalie beantwortet werden durfte. Der Einsatz der U-Boote wurde von der Reichsregierung als eine völkerrechtlich zulässige Repressalie in diesem Sinne gerechtfertigt. Wilson hat in seiner Rede vom 2. April 1917 vor dem Kongreß darauf hingewiesen, daß sich die deutsche Regierung auf das Recht der Vergeltung und des Notstandes gegenüber der englischen Blockade berufe, weil sie keine anderen Waffen zur See habe als die U-Boote. Der Präsident der Vereinigten Staaten, selbst Rechtslehrer und daher vermutlich mit den Regeln des internationalen Rechts vertraut, hat nun in jener Rede nicht etwa seinen rechtlichen Standpunkt dargelegt, hat dem Kongreß auch nicht erklärt, aus welchen rechtlichen Gründen er den deutschen U-Booteinsatz gegen die Lebensmittelblockade, die natürlich auch neutrale Schiffe auf ihrer Route nach Deutschland behinderte, als einen Verstoß gegen das Völkerrecht betrachte. Er griff vielmehr in seine Vorratskiste moralisch hochgestochener Vokabeln, indem er der deutschen Regierung eine Verletzung von „Recht und Menschlichkeit" vorwarf: „Der deutsche Unterseebootkrieg gegen den Handel *(gemeint waren die amerikanischen Lieferungen von Kriegsgerät, Sprengstoffen und Waffen an Frankreich und England)* ist ein Krieg gegen die Menschheit. Er geht an die Wurzeln des menschlichen Daseins. Unser Land hat seine ganze Macht aufzubieten, um die Regierung des Deutschen Reiches zum Nachgeben zu zwingen und sich zu unterwerfen." Der Export von Waffen und Sprengstoffen in Kriegs- und Spannungsgebiete läge im Interesse der Menschheit! Gibt es einen anderen Ausspruch Wilsons, der sein aggressives Denken so deutlich offenbart? Lenin meinte zu dieser Rede, sie sei nichts als eine lügenhafte Phrasendrescherei. Der Forderung

Wilsons, amerikanische Bürger bei der Verfolgung ihrer „friedlichen" Unternehmungen auf dem offenen Meer zu schützen, ist die deutsche Regierung dadurch nachgekommen, daß sie amerikanischen Passagierdampfern „bei ihren friedlichen Fahrten" auf bestimmten Routen unter der Garantie der amerikanischen Regierung, daß diese Schiffe kein Kriegsgerät mit sich führen, selbst innerhalb der Sperrzonen freies Geleit zusagte.

Ein Verhandlungsfrieden entsprach der Kriegslage

Den Krieg militärisch zu gewinnen war für die Westmächte nach dem Wegfall des mächtigen russischen Verbündeten ohne das aktive Eingreifen der USA nicht mehr möglich. Die allgemeine Kriegslage 1916/17 und der innere Zustand der kriegsführenden Mächte erlaubten als einzige Alternative zur Fortsetzung des Gemetzels nur einen Verständigungsfrieden. Bethmann Hollweg im Juni 1916: „Alle Regierungen sind ohne Bildung und Perspektive. Zum Verzweifeln. Nur eine klare Entscheidung kann die Macht der Lüge in allen Ländern durchbrechen. Auch bei uns Lüge, damit das Durchhalten des so weichen Volkes nicht erschwert wird. Bei den anderen aber noch die Lüge zu dem Zweck, die Regierungen zu halten. Da die Lage der anderen schlechter ist, muß dort noch mehr gelogen werden." Nach zweieinhalb Jahren Ringen war ein Ende des Schreckens immer noch nicht in Sicht. Es gab nicht nur Unruhen in Rußland, sondern auch Auseinandersetzungen zwischen Gewerkschaften und Regierungen in England mit häufigen und ausgedehnten Streiks. In Frankreich meuterten Teile der Armee. Es brachen dort umfangreiche Streiks aus mit der Folge einer Zerrüttung der gesamten französischen Innenpolitik. Auch in Deutschland nahmen die Proteste zu, und die Antikriegsparteien gewannen mehr und mehr an Einfluß. Selbst bei einer zurückhaltenden Bewertung der allgemeinen Kriegslage wäre keine der beiden Bündnisgruppen zu einem vollständigen Sieg-Frieden imstande gewesen. Ein Remis-Frieden lag in der Luft. Initiativen zu Friedensgesprächen gab es zahlreiche: Mit ihrem Friedensangebot vom Dezember 1916, das ernst gemeint war (Georges-Henri Soutou), hatte die deutsche Reichsregierung offene Friedensgespräche erhofft. Es wurde abgelehnt. Hierfür war nach dem französischen Historiker Georges-Henri Soutou die mangelnde Friedensbereitschaft der englischen und französischen Regierung verantwortlich. Man wird hinzufügen können, auch die Weigerung der amerikanischen Regierung. Das „Vermittlungsangebot" des amerikanischen Präsidenten, der sich praktisch schon im Krieg gegen Deutschland befand, in seiner Erklärung vom 20. 12. 1916 und die Wiederholung in seiner Rede vom 22. Januar 1917 waren nur eine Reaktion auf das deutsche Friedensangebot, es sollte nach Vermutungen einiger Historiker zur Vorbereitung und Rechtfertigung des am 6. April 1917 erklärten Kriegseintritts der Vereinigten Staaten dienen. Wie erwartet, wurde das amerikanische Angebot von den westlichen Verbündeten erneut abgelehnt, wie schon vorher die Friedensfühler Wilsons im Jahre 1915. Die österreichischen Friedensfühler, die keinen Separatfrieden zum Ziel hatten, sondern realistische Angebote im Sinne traditioneller Kabinettspolitik enthielten, die päpstlichen Friedensaktionen und letztlich das Friedensangebot des Deutschen Reichstags vom Juli 1917 sind neben vielen anderen indirekten Friedensbemühungen, die von deutschen Diplomaten ausgegangen sind, als ernsthafte Versuche zu bewerten, ein gleichberechtigtes Gespräch über Friedensbedingungen zustande zu bringen. Alle Menschen sehnten sich nach Frieden. Europa hatte seine letzte Chance. Ein Frieden ohne Gesichtsverlust, ohne Demütigung und ohne Behinderung der Lebensgrundlagen des Kontinents wäre zu diesem Zeitpunkt zu erzielen gewesen. Angesichts der Kriegslage gab es für die europäischen Mächte keinen anderen Ausweg, als sich an den Verhandlungstisch zu setzen. Jedoch ein Verhandlungsfrieden ohne vorherige Niederwerfung des Deutschen Reiches lag nach Ansicht Wilsons und seiner Kamarilla weder im Interesse Englands noch im Interesse der Vereinigten Staaten von Amerika, außerdem wäre Wilson mit einem Verhandlungsfrieden nicht in der Lage gewesen, den „Frieden" nach seinen Vorstellungen und den Interessen der USA zu diktieren – ein wichtiges Anliegen Wilsons.

Völkerhaß als Mittel der amerikanischen und englischen Kriegführung

Die feindliche Stimmung der Mehrheit des Foreign Office, die von Nicolson, Crowe und auch Grey repräsentiert wurde und die sich in den Stellungnahmen, Memoranden und Briefen aus ihrer Feder feststellen läßt, wurde in der öffentlichen Meinungsbildung durch die englische Presse zustimmend begleitet. Erst nach dem Kriege gingen den Europäern die Augen auf: „Die Wissenschaft hat eine harte Aufgabe damit, die Völker von den fluchwürdigen Folgen ihrer Kriegspropaganda zu befreien, von allem ihrem Haß und allen ihren Lügen", stellten Steinmetz (Amsterdam) und Högstedt (Stockholm) nach dem Ende des Krieges fest. Während Deutschland propagandistisch weitgehend „im eigenen Saft" schmorte, beherrschte England mit dem Besitz der Überseekabel und der größten Nachrichtenagentur Reuter auch die öffentliche Meinung der Weltpresse. England, Frankreich und die USA besaßen einen Anteil von über 80 % am Weltkabelnetz, Deutschland dagegen nur einen von 8 %. Der belgische Botschafter schrieb am 24. Mai 1907 aus London: „Die deutsch-englischen Beziehungen sind von kühler Korrektheit, aber die Antipathie, die man hier in allen Volksklassen gegen die deutsche Nation hegt, ist ausgesprochen. Eine gewisse Kategorie der Presse, hier unter dem Namen ‚Gelbe Presse' bekannt, trägt für die feindselige Stimmung zwischen den beiden Nationen die Verantwortung. Was kann man denn auch von einem Journalisten wie Herrn Harmsworth, heute Lord Northcliffe, Herausgeber der ‚Daily Graphic', ‚Daily Express', der ‚Evening News' und der ‚Weekly Dispatch' erwarten, der in einem Interview für den ‚Matin' sagt: ‚Ja, wir verabscheuen die Deutschen, und das von Herzen. Ich werde nicht zugeben, daß meine Zeitung auch nur das geringste druckt, was den Deutschen angenehm sein könnte'." England organisierte nicht nur die Bündnissysteme gegen Deutschland, sondern entfachte ein Propagandafeuer voller Haß und Lügen, wie es die Weltgeschichte bis dahin im Umgang unter Nationen, auch unter kriegführenden Nationen, noch nicht erlebt hatte.

Schon längst waren die Europäer nicht mehr unter sich. Nicht erst seit dem Signal Wilsons in seiner Rede vom 22. Januar 1917, daß es undenkbar sei, daß das Volk der Vereinigten Staaten von Amerika an einem so großen Unternehmen (wie das der Friedensgespräche) keinen Anteil haben sollte, sondern schon in seinem Briefwechsel und in seinen Gesprächen mit seinen engsten Vertrauten, Edward M. House, Robert Lansing, Walter Lippmann (Herausgeber der „New York Times“) und dem ehemaligen Präsidenten der Harvard-University, Charles William Eliot, deutete sich der Wille des Präsidenten zum Kriegseintritt gegen Deutschland an. Die englische Kriegspropaganda hatte unter Mr. Harmsworth, dem späteren Lord Northcliffe, erfolgreich und wirkungsvoll die mit den historischen Verhältnissen in Europa nicht vertrauten Amerikaner auf den Krieg eingestimmt und Deutschland zum amerikanischen Feindbild schlechthin gemacht. Hierin zeigte sich die Überlegenheit der weltweiten Verbindungen Englands, seine Beherrschung der Überseekabel, seine finanziellen Möglichkeiten zum Ankauf von amerikanischen Zeitungen, die den Kriegseintritt der USA forderten. In Hollywood spielte der österreichische Schauspieler Erich von Stroheim in zahlreichen Filmen die Rolle „des bornierten und gewalttätigen deutschen Offiziers“, den er damit zu einem Prototyp des Deutschen schlechthin bis zum heutigen Tage stilisiert hat. In einer seiner vielen abstoßenden Rollen als deutscher Offizier vergewaltigte er eine Krankenschwester und warf anschließend deren Baby aus dem Fenster. Auf amerikanischer Seite übernahm auf Empfehlung des einflußreichen Zeitungsmachers Walter Lippmann diesen dirty-job, diese Arbeit der Volksverhetzung, George Creel

als Leiter des „Committee on Public Information (CPI)“. Er folgte dem englischen Strickmuster der „Atrocity-Propaganda“ und ließ beispielsweise auf Plakaten mit Auflagen von über 10 Millionen Exemplaren, die für den Ankauf von staatlichen Schuldverschreibungen werben sollten, erklären, daß die „Hunnen“, gemeint waren die Deutschen, wehrlose Frauen und Kinder vergewaltigten und töteten. Diese Szenen wurden bildlich noch verstärkt. „Denke an Belgien“ lautete der Text eines Plakats, auf dem ein deutscher Soldat eine fallende belgische Frau mit dem Bajonett bedrohte, während sich ein anderer anschickte, diesem bedauernswerten Wesen Gewalt anzutun. In ihrem gewalttätigen Verhältnis zu Frauen und Kindern zeige sich die „deutsche Unkultur“, vor der die amerikanische Zivilisation geschützt werden müsse.
In unzähligen Artikeln und Plakaten behaupteten die englischen und amerikanischen Zeitungen, deutsche U-Boot-Kommandanten und Besatzungen verübten Grausamkeiten an Passagieren versenkter Schiffe. Um China gegen Deutschland einzunehmen, wurde auf dem Gipfel dieser ekelerregenden Propaganda das Märchen von der Leichenfettherstellung in deutschen Margarinefabriken erfunden. Auch die Geschichten von den abgehackten Kinderhänden und den abgeschnittenen Brüsten gehören zu dieser Art der Propaganda. US-Admiral William S. Sims bestätigte am 6. April 1923, daß den Alliierten nirgendwo und zu keiner Zeit ein Bericht über Grausamkeiten von deutschen Marineoffizieren vorgelegen habe; alle diese Presseberichte seien Erfindungen gewesen und hätten nur Propagandazwecken gedient. Ähnlich äußerte sich am 24. Oktober 1925 der englische General Charteris, Chef des geheimen Nachrichtendien-

stes, er habe die Geschichte von der Leichenfettherstellung und andere Obszönitäten aus Gründen der Propaganda erfunden. Die über die ganze Welt gestreuten Abbildungen der „deutschen Grausamkeiten" stammten überwiegend von dem holländischen Maler Raemaekers, der von der Stadt London besonders geehrt wurde, weil seine Zeichnungen mehr bewirkt hätten als eine gewonnene Schlacht. Als der deutsche Konteradmiral von Reuter gemäß den Waffenstillstandsbedingungen die deutsche Flotte am 21. Juni 1919 nach Scapa Flow zur Auslieferung überführte und beim Einlaufen im Firth of Forth den verabredeten Befehl zum Versenken der Schiffe gab, um sie nicht in englische Hände fallen zu lassen, wurden die deutschen Matrosen, die sich unbewaffnet in Rettungsboote begeben hatten oder ins Wasser gesprungen waren, von englischen Offizieren und Matrosen gnadenlos beschossen. Hierbei wurden 10 deutsche Matrosen getötet und 16 schwer verwundet. Es waren die letzten Gefallenen des Krieges. Von dieser „Atrocity" nahm die Welt keine Kenntnis.

Wenige Jahre zuvor waren die deutschen „Hunnen" von Eliot, dem Intimus des Präsidenten, noch als große Kulturnation gefeiert worden. Als Präsident der Harvard-Universität hatte er im Jahr 1906 dem Ministerialdirektor Friedrich Althoff, der im preußischen Kultusministerium für die Bildungspolitik verantwortlich war und von der „Vossischen Zeitung" als Bismarck des deutschen Bildungswesens gelobt wurde, die dritte Ehrendoktorwürde, die von seiner Universität an einen Ausländer verliehen wurde, mit den Worten ausgehändigt, Althoff sei der Repräsentant der großen und bedeutenden deutschen Kulturnation. Der Austausch von deutschen und amerikanischen Professoren, mit deutschen Mitteln finanziert, wurde von Eliot ebenfalls begrüßt und als ein Gewinn für die noch im Entstehen befindliche amerikanische Wissenschaft angesehen. Tausende von amerikanischen Studenten hatten in den Jahrzehnten vor dem Krieg in Deutschland studiert und hier das gelernt, was man unter wissenschaftlichem Arbeiten versteht. Der amerikanische Universitätsaufbau folgte dem Muster der deutschen Universitäten. Wilson selbst hatte als Rechtsprofessor aus deutschen Lehrbüchern gelernt und seine Vorlesungen aus deutschen Lehrbüchern bestritten.

In einer Rede am 12. November 1917 sagte Wilson in einem internen Kreis vor Kaufleuten und Industriellen u. a.: „Denken sie daran, welches die Stellung Deutschlands in der Welt war, eine so beneidenswerte Stellung, die je eine Nation eingenommen hat. Die ganze Welt stand in Bewunderung seiner herrlichen geistigen und materiellen Errungenschaften. Die Intellektuellen der ganzen Welt gingen bei ihm zur Schule ... Seine Gelehrten hatten seine Industrien zu den hervorragendsten der Welt gemacht, und die Aufschrift ‚made in Germany' gab die Gewähr für gute Arbeit und tadelloses Material. Deutschland hatte Zutritt zu allen Märkten der Welt, und jede andere Nation, die auf jenen Märkten Handel trieb, fürchtete Deutschland wegen seines starken und fast unwiderstehlichen Wettbewerbs. Es war nichts in der Welt des Friedens, das es nicht schon hatte und zwar im Überfluß hatte. Wir sind stolz auf das Ungewöhnliche der amerikanischen Entwicklung. Wir denken mit Stolz an die Statistiken des Wachstums unserer Industrien und der Einwohnerzahl unserer Städte. Nun, diese Statistiken reichten nicht an die deutschen heran; Deutschlands

Städte nahmen neue Jugend an und wuchsen schneller als es amerikanische Städte jemals getan haben. Seine alten Industrien öffneten ihre Augen, erblickten eine neue Welt ..."

USA retten England vor einer Niederlage

Nur durch das „Wunder" des amerikanischen Kriegseintritts konnte England, wie Churchill später bemerkte, nach der Eröffnung des unbeschränkten U-Boot-Krieges durch die deutsche Reichsregierung gerettet werden. In der Antwortnote der Reichsregierung vom 21. Januar 1917 an den amerikanischen Botschafter in Berlin wurde das Recht auf Selbstbestimmung, das der amerikanische Präsident gefordert hatte, bejaht und die USA gebeten, dieses Recht auch für andere von England beherrschte Gebiete durchzusetzen. Ebenfalls sollten die Grundsätze der Freiheit der Meere auch für die neutralen Länder gelten, die mit Deutschland Handel treiben wollten und von England daran gehindert wurden. Es habe niemals in der Absicht Deutschlands gelegen, sich Belgien einzuverleiben. Es müsse aber auch sichergestellt werden, daß belgisches Staatsgebiet nicht zur Förderung feindlicher Anschläge gegen Deutschland ausgenutzt werde. Solche Vorsorge sei um so dringender geboten, als die feindlichen Mächte in wiederholten Reden und namentlich in den Beschlüssen der Pariser Wirtschaftskonferenz im Sommer 1916 unverhüllt die Absicht ausgesprochen haben, Deutschland auch nach Wiederherstellung des Friedens nicht als gleichberechtigt anzuerkennen, vielmehr systematisch weiter zu bekämpfen.

Der Angriff deutscher Unterseeboote auf Schiffe in dem zur Sperrzone erklärten Seegebiet löste ähnliche Wirkungen in England aus wie umgekehrt die englische Blockade in Deutschland. Nach dem Bericht des amerikanischen Admirals William S. Sims, der sich im April 1917 im Auftrag Wilsons in England aufhielt, waren die Folgen katastrophal. Admiral Jellicoe sah sie als kriegsentscheidend an, wenn keine wirksamen Mittel gegen die Boote gefunden werden. Hieraus folgt, daß die Unterstützung Englands durch die „neutralen" Vereinigten Staaten kriegsentscheidende Bedeutung hatte. Wie weit England von der Hilfe der USA abhing, wurde deutlich, als nach Eröffnung des U-Boot-Krieges große Teile der gewohnten Lieferungen dramatisch ausblieben und damit für England eine äußerst prekäre Lage entstand. Die amerikanischen Lieferungen hatten inzwischen mehr als 60 % der Einfuhren erreicht, der Anteil der Lieferung an Kriegsmaterial lag wesentlich darüber. Weiterhin wird deutlich, daß die Einschätzung der deutschen Admiralität hinsichtlich der wirtschaftlichen Bedeutung des U-Boot-Krieges zwar zutreffend war, aber die Rolle der USA bei der Bekämpfung der deutschen U-Boote unterschätzt wurde. Nur dank des gewaltigen Potentials der Vereinigten Staaten konnte das System der Geleitzüge installiert werden, das von den deutschen Booten nicht nachhaltig gestört werden konnte. Die Bemerkung des deutschen Generalstabschefs Paul von Hindenburg in der Besprechung vom 9. Januar 1917, mit der Hilfe der USA „werde man schon fertig", zeigte eine erschreckende Unkenntnis von dem Umfang der amerikanischen Unterstützung und der Bedeutung der USA für das alliierte Bündnissystem. Viel hat sich hierin in der deutschen Kriegsliteratur seitdem nicht geändert. Sollte die deutsche Heeresleitung wirklich nicht gewußt haben, daß England schon seit Beginn des Krieges am amerikanischen Tropf hing?

Die Vernichtung des Deutschen Reichs als Kriegsziel Englands und der USA

Auf der Gewißheit des amerikanischen Kriegseintritts beruhte die Weigerung Englands und Frankreichs, Friedensgespräche mit dem Deutschen Reich aufzunehmen und auf die deutsche Friedensnote vom Dezember 1916 einzugehen, obwohl das Ausscheren Rußlands aus dem Bündnis bereits zu diesem Zeitpunkt drohte. Man war sich mit Wilson und seinen Beratern in der Ablehnung von Verhandlungsgesprächen mit Deutschland einig. Das Deutsche Reich mußte vernichtet werden, erst danach sollte über sein weiteres Schicksal nachgedacht werden, obwohl nach der Kriegslage ein Erschöpfungs- und Verhandlungsfrieden nach dem Muster des Hubertusburger Friedens von 1763 die einzig mögliche menschliche Lösung dargestellt hätte. Unter ständiger Berufung auf Humanität und Menschenrechte erklärte Wilson als Ziel seines Krieges die Befreiung der Völker von der Bedrohung und der Macht Deutschlands, das von einer unverantwortlichen Regierung geleitet werde. Ebenso wie Clemenceau und Lloyd George schätzte Wilson keine Gespräche mit Deutschland auf gleichberechtigter Ebene. Wenn das Ziel Wilsons wirklich der Frieden gewesen wäre, hätte er allein durch Reduzierung der amerikanischen Lieferungen die englische Bereitschaft zu Gesprächen mit dem Deutschen Reich fördern können. Diese Überlegung haben, worauf Freud und Bullitt in ihrer psychologischen Studie über Wilson hinweisen, House und Wilson im Sommer 1915 tatsächlich angestellt, aber verworfen, weil Wilson nicht wollte, daß England, das er liebte, Deutschland gegenüber Nachteile erleiden sollte. Hinzu kam, daß Wilson die an den Waffenlieferungen gut verdienende amerikanische Wirtschaft nicht erzürnen wollte. Tatsächlich hatten die USA nur an einer Schwächung Europas Interesse, und diese Schwächung setzte die Niederlage Deutschlands voraus. Der Krieg hatte als europäischer Krieg begonnen, man könnte, wenn man die massiven Kriegslieferungen der Amerikaner außer Betracht läßt, sogar von einem europäischen Bürgerkrieg sprechen. Er wurde nur durch die Einmischung der USA zum Weltkrieg. Mit ihrer unter dem Mantel der Proklamationen von Demokratie und Selbstbestimmung verdeckten Machtpolitik dehnten die USA jetzt ihren Einfluß auf ganz Europa aus, nachdem sie den Norden und den Süden des amerikanischen Kontinents bereits direkt oder indirekt unter ihre Kontrolle gebracht hatten.

Schon wenige Jahre nach Kriegsende begannen die Engländer die amerikanische Wirtschaftsexpansion in den arabischen Ölländern und in ihren anderen Einflußgebieten zu spüren. Es nützte ihnen nichts, ihr Imponiergehabe als Kolonialmacht weiterzuspielen, ihre Weltmachtrolle ging dem Ende entgegen. Als die Deutsche Bank nach dem Kriege mit größter Zurückhaltung und Vorsicht Ölrechte in Rumänien erwerben wollte, standen die Amerikaner bereits in der Tür. Hierin zeigten sich die außerordentliche Aggressivität der maßgebenden amerikanischen Wirtschaftskreise und ihr Einfluß auf die Regie-

Woodrow Wilson

Georges Clemenceau *Lloyd George*

nach dem Friedensdiktat 1919

Graf Ulrich von Brockdorff-Rantzau, Mitarbeiter

rung sehr deutlich. Im Jahre 1913 verdienten 2 % der Amerikaner über 60 % des gesamten Volkseinkommens. Zwei Personen kontrollierten mit 341 Großunternehmen bei 22 Milliarden Dollar Kapital rund 20 % des Volksvermögens.
Mit seiner Kriegsbeteiligung lud Wilson eine große Verantwortung auf die Schultern der USA, der er nicht gerecht geworden ist. „Der menschlichste Krieg (sofern man überhaupt von Menschlichkeit in Verbindung mit Krieg sprechen kann) ist der kürzeste Krieg“ war ein bedeutender Satz des alten preußischen Feldmarschalls Helmuth von Moltke. Wilson tat genau das Gegenteil. Mit seiner Politik verlängerte er den Krieg. Er war damit für viele weitere Millionen von Toten und letztendlich für den Niedergang Europas verantwortlich.

Sie heucheln einen guten Frieden

Am Tisch in Versailles saßen bei den internen Vorverhandlungen der von seiner arteriosklerotischen Erkrankung bereits physisch und psychisch gezeichnete Wilson, der demagogisch begabte Lloyd George und der greise 78jährige Nationalist und Deutschenhasser Georges Clemenceau sowie der nicht sehr einflußreiche Italiener Orlando: sie zankten und stritten sich viele Tage um die Beute, bis es Clemenceau gelang, seine Gewaltpolitik gegen Deutschland weitgehend durchzusetzen.
Die leitenden Teilnehmer der Entente wurden von Harold Nicolson, Mitglied der britischen Delegation und Sohn des Arthur Nicolson, sowie von dem bekannten

Nationalökonomen J. M. Keynes unter anderem mit folgenden Worten beschrieben:
über David Lloyd George: Es war ein Unglück, daß er sich in die Abhängigkeit eines chauvinistischen Unterhauses und der „gelben Presse" begeben hatte.
über Vittorio Emanuele Orlando: Er strebte unverhohlen danach, die Beutestücke zu ergattern, die allein imstande wären, den Teufel des Sozialismus auszutreiben.
Es gibt nichts, was erklären könnte, schrieb Harold Nicolson, wie es möglich war, daß sich Präsident Wilson gleich zu Anfang der Konferenz bereit fand, 230.000 deutsche Tiroler unter italienische Herrschaft zu bringen, in flagrantem Widerspruch zu dem zentralsten aller seiner verkündeten Grundsätze.
über Woodrow Wilson: Selten kann ein Staatsmann ersten Ranges der geistigen Beweglichkeit im Beratungszimmer hilfloser gegenübergestanden haben als der Präsident. Sein Geist war langsam und erfindungsarm. Die amerikanische Delegation wußte von Europa genausowenig wie der Präsident.
über Georges Clemenceau: Es ist die Politik eines Greises, dessen lebendige Eindrücke und Vorstellungen der Vergangenheit und nicht der Zukunft angehören. Er sieht das Ganze vom Standpunkt Frankreichs, nicht von dem der Menschheit und der europäischen Kultur, die sich zu einer neuen Ordnung durchringt.
Clemenceau gelang die Durchsetzung seiner Politik deswegen, weil Wilson als Vertreter eines außereuropäischen Landes nur an der Schwächung Deutschlands, nicht aber an Einzelheiten interessiert war, mit Ausnahme vielleicht an seiner Lieblingsidee, der Schaffung eines Völkerbundes. England fühlte sich ebenfalls noch immer als ein

Europa nicht zugehöriges Land und hatte selbst innere Probleme, die durch den Krieg entstanden waren, zu bewältigen. Aus narzißtischer Selbstgerechtigkeit, aber auch aus Furcht, ihr in den geheimen Vorverhandlungen mühsam geschnürtes Verhandlungspaket könnte wieder aufgeschnürt werden, verweigerten sie den Deutschen die in Europa unter zivilisierten Völkern bei einem Kriegsende seit altersher üblichen gleichberechtigten Verhandlungen. Unter den Siegern befand sich kein Staatsmann mit Statur. Die Friedensbedingungen wurden von außenpolitisch und wirtschaftlich engstirnigen Politikern festgelegt. „Selten hat sich in der Geschichte der Menschheit soviel Rachsucht in soviel salbungsvolle Sophistik gekleidet" (Nicolson). „Der Krieg begann mit einer Freiheitshymne und endigte mit einem Beutegeheul."

„Die Sieger haben eine gefährliche Zukunft vorbereitet"

Der Krieg mit seinen Zerstörungen und seinen Millionen von Toten und Verwundeten war für Europa schon verheerend genug. Schlimmer für die Zukunft Europas war, daß das Diktat der Friedensbedingungen weitere, besonders geistige und seelische Verwüstungen bei den Unterlegenen verursachte. Der deutsche Außenminister Graf Brockdorff-Rantzau richtete am 7. Mai 1919 an diese „Staatsmänner" den folgenden Appell: „Die Hunderttausende von deutschen Zivilisten, die seit dem 11. November 1918 (Waffenstillstand) an Ihrer Blockade zugrunde gingen, wurden von Ihnen mit kalter Überlegung getötet. Daran denken Sie bitte, wenn sie von Schuld und Sühne sprechen.“ Angesichts der Friedensbedingungen der Alliierten erinnert sich der Historiker an die Worte Bismarcks im Jahre 1871, mit denen der deutsche Reichskanzler dem Vorwurf der „National-Zeitung“, die Franzosen zu rücksichtsvoll zu behandeln, begegnete: „Die Politik darf nicht das Richteramt üben wollen. Die Politik hat nicht zu rächen, was geschehen ist, sondern zu sorgen, daß es nicht wieder geschehe.“ Und Max Weber äußerte sich 1919: „Es ist eine Sinnlosigkeit, die nach rückwärts gerichtete Frage nach der Schuld am Kriege zu stellen. Bedeutsam ist allein die Verantwortung gegenüber der Zukunft. Diese Verantwortung tragen nicht die Besiegten, sondern ausschließlich die Sieger.“ Vor dieser Verantwortung haben die Siegermächte versagt. Daß die von Engländern, Franzosen und Amerikanern heiß erwünschte Niederlage Deutschlands nicht noch totaler ausfiel, war allein auf den Ausbruch der russischen Revolution im Februar 1917 zurückzuführen. Der Angst vor ihrem Übergreifen auf das westliche Europa verdankten wir Deutsche – unter Hinnahme schmerzlicher Gebietsverluste – wenigstens die Erhaltung unseres Staatsgebiets. Machtgier, Wirtschaftsneid und Intoleranz und eine für uns heute kaum noch zu begreifende narzißtische Selbstgerechtigkeit der Führungsschicht der Siegerstaaten sind die Ursachen für den verhängnisvollen Abschluß des Krieges in Versailles. So prophezeite der ehemalige holländische Premierminister Dr. jur. A. F. de Savornin Lohman schon im Frühjahr 1920: „Die Siegermächte haben mit den Friedensbedingungen dem Rechtsbewußtsein Gewalt angetan, und sie wären auf so etwas sicher nicht verfallen, wenn sie an die eigene Unschuld geglaubt hätten. Das Unrecht wird schwelen und gären in Europa und die internationale Politik vergiften. Eine politische Ordnung, die sich auf Unrecht gründet, gleicht einem Bau auf schwankendem Boden. Europa steht keine gute Zeit bevor. Glaubt jemand, daß dieses Volk Luthers, Goethes, Kants, Leibniz', Friedrichs des Großen und Bismarcks sich mit einer Helotenstellung in der Welt wegen unwahrer Anklagen und Ungerechtigkeiten zufrieden geben wird? Viel wahrscheinlicher wird es sich in eine neue Tragödie stürzen bis die Stunde der Vergeltung geschlagen hat. Die Sieger haben eine gefährliche Zukunft vorbereitet."

Anglo-amerikanischer Haß auf das Deutsche Reich

Derjenige Teil des Krieges, der mit Pulver, Kanonen und Gewehren ausgefochten wurde, hinterließ 9 Millionen Tote, in der Menschheitsgeschichte bis dahin die blutigste Ernte einer kriegerischen Auseinandersetzung. In seinen Auswirkungen jedoch ungleich verheerender war jener Teil des Krieges, der mit Schlagworten, mit Lügen, Verunglimpfungen und Demütigungen geführt wurde. Seine Früchte aus Bosheit, Ressentiments, Brutalität, Selbstgerechtigkeit, Anmaßung und Dünkel breiteten sich wie eine Seuche über Europa und die Welt aus, nisteten sich in den Köpfen der Menschen ein und bereiteten damit die nächste große europäische Katastrophe vor. Das Zeitalter der ideologischen Glaubenskriege begann. Das Ziel Englands und des amerikanischen Präsidenten Wilson war die Teilnahme der USA am Krieg gegen Deutschland. Hierzu mußten die an sich friedlich und gegen eine

Kriegsbeteiligung gestimmten Amerikaner emotional gegen Deutschland aufgeputscht werden; denn die USA waren vom Deutschen Reich nicht bedroht, es bestanden keine gemeinsamen Grenzen, und auch sonst ließen sich keine realen oder gravierenden Interessengegensätze zwischen den beiden Ländern finden, die eine kriegerische Auseinandersetzung gerechtfertigt oder ausgelöst hätten. Mit Bedrohungsängsten allein, wie sie in Europa häufig als Kriegsstimuli dienten, konnte daher das auf Frieden gerichtete Bewußtsein der amerikanischen Bevölkerung nicht ohne weiteres in eine Kriegsbereitschaft umgewandelt werden. Auch die Niederwerfung Deutschlands, eines aus der Sicht der amerikanischen Bevölkerung weit entfernten Rivalen Englands, oder das persönliche Streben des Präsidenten und seiner Umgebung nach Macht, Einfluß und Prestige in Form der Gründung des Völkerbundes hätten die Amerikaner kaum dazu veranlassen können, ihrem Präsidenten auf dem Kriegspfad zu folgen. Aber Wilson vertraute seiner Rednerbegabung: „He had no doubt that he was a great orator and that he could make the American people drunk with a spirit of self-sacrifice. Later, when he brought America into the war, he proved that his confidence in his oratorical powers had not been misplaced. He did make America drunk with the spirit of self-sacrifice" (Sigmund Freud und William C. Bullitt). Britische Presseleute, angeführt von Mr. Harmsworth, fanden die geeigneten „oratorischen" Mittel, die sie treffend als „Atrocity-Propaganda" (Greueltaten-Propaganda) beschrieben. Sie konnten sich auf eine lange Erfahrung Englands als weltweit operierende Kolonialmacht stützen, bei der die subtile Beeinflussung von Menschen zum Arsenal der Kolonialpolitik gehörte. Bereits im Jahre 1826 prahlte der britische Außenminister George Canning im Unterhaus, daß er überall und jederzeit die Mächte der Revolution in anderen Ländern entfesseln könne. Im Falle eines Krieges würden die Unzufriedenen auf britischer Seite stehen. Von Theodor Fontane hören wir 1875 in einer seiner Buchbesprechungen über den Krieg 1870/71: „Denn die ganze Gattung (der Propaganda) ist uns aus England überkommen. Der englische Berichterstatter ist schlimmer als jeder andere, natürlich immer den amerikanischen ausgenommen. Der französische lügt einfach, die nationale Eitelkeitsphrase ist ihm klar und erkennbar an die Stirn geschrieben; der englische aber hat alle Allüren des ehrlichen Mannes, er gibt die minuziösesten Details und hat uns doch belogen." Das Deutsche Kaiserreich, das bei vielen Gelegenheiten, öffentlichen wie privaten, sowohl in den USA wie in Britannien nur wenige Jahre vor dem Ausbruch des Krieges als Land der Wissenschaft und einer hohen Kultur, als „Verkörperung jener Eigenschaften guten Bürgertums, die den Ruhm der modernen Zivilisation ausmachen", dargestellt wurde, verwandelten die englischen Propagandisten nun in eine gesellschaftlich rückständige Gruselkammer, in der unterdrückte Menschen in Armut gehalten und von bösen Finsterlingen gemaßregelt und geschurigelt werden. Die Deutschen wurden zu Feinden der Menschheit schlechthin erklärt. Auch die Friedensvermittlung des Papstes im Sommer 1917 lehnte Wilson ab mit dem Hinweis auf das „unmenschliche Verhalten der deutschen Regierung". Er nahm lieber den Tod von weiteren Millionen Soldaten in Kauf, als sich um das Zustandekommen von gleichberechtigten Friedensverhandlungen zu bemühen.

Gegen diesen massiven psychologischen Feldzug, der nach den Regeln der Gegenreformation aus dem 17. Jahrhundert – „man lasse die Verfolgung eigener Interessen nur im Gewande der sittlichen Würde auftreten“ – geführt wurde, war Deutschland wehrlos, es hatte dieser erbarmungslosen Propaganda, die vor keiner Lüge und Diffamierung zurückschreckte, nichts Gleichwertiges entgegenzusetzen. Es entsprach nicht deutscher Tradition und Gewohnheit, daß sich Regierung, Verwaltung und Reichstag ihre Entscheidungen durch Lügen und Appelle an die niedrigen Masseninstinkte rechtfertigen ließen. Die Nachrichtennetze befanden sich in englischer und amerikanischer Hand, außerdem war man damals in Deutschland weder mit den Methoden nationaler noch internationaler Agitation vertraut. Mit Genugtuung und Stolz wurde daher nach dem Krieg von britischen Presseleuten und Historikern vermerkt, daß es den Deutschen nicht gelungen sei, die Rechtsverletzungen der Entente zu einer entsprechenden Gegenpropaganda, ebenfalls auf der Grundlage der Atrocity, zu verwenden.

Mit dem Versprechen, die Amerikaner aus dem Krieg herauszuhalten, hatte Wilson im Herbst 1916 die Präsidentenwahl gewonnen. Dieses Versprechen entsprach natürlich nicht seinen wahren Absichten, außerdem wußte Wilson zu genau, daß er den wirtschaftlichen Aufschwung der USA nach der Konjunkturflaute 1913/1914 nur den massiven Kriegslieferungen der US-Wirtschaft an seine Alliierten verdankte. Das bedeutete für ihn Reduzierung der Arbeitslosenzahl und damit die Vermehrung der Anzahl seiner Wähler. Statt durch Zurückhaltung bei der Lieferung von Kriegsgerät mäßigend auf die Kriegsparteien einzuwirken, goß Wilson „Öl ins Feuer“ und ernannte sich gleichzeitig zum Friedensfürsten und größten Menschheitsbeglücker. Einem Psychologen mag diese lügenhafte Widersprüchlichkeit im Denken und Handeln Wilsons erklärbar sein, für einen Laien dagegen ist es noch heute ein Rätsel, wie ein Mann in der Position des Präsidenten der Vereinigten Staaten mit Haß und Lügen, mit Unaufrichtigkeit und Heuchelei vor sich selbst und vor Millionen von Menschen so viele Jahre bestehen konnte. Als Psychoanalytiker beschrieb Sigmund Freud Wilson als eine lügenhafte, zutiefst neurotische Persönlichkeit, indem er wörtlich ausführte: „Er gab manchmal zu, daß er sich irren könne, aber niemals, daß er Unrecht hatte. Ehe er ein Unrecht zugab, zog er es vor, zu vergessen oder Ereignisse zu verfälschen, sich imaginäre Dinge aufzubauen, die den Forderungen seiner Motive entsprachen. Wilson war ein Neurotiker. Eine Neurose ist ein unsicheres Fundament, um sein Leben aufzubauen. Die Besonderheiten seiner Fehler brachten Wilson an die Macht. Diese Fehler machten ihn aber nicht zum Größten dieser Welt, sondern zum Versager.“ Spürten die Abgeordneten des Kongresses die Chance, „mit einer Klappe zwei Fliegen schlagen zu können“, mit der Niederwerfung des Deutschen Reichs nicht nur eine große Wirtschaftsmacht zu beseitigen, sondern gleichzeitig auch England vom Thron der ersten Weltmacht zu stoßen? Ging das den Abgeordneten, die hinter Wilson standen, durch den Kopf? Heiligte auch bei ihnen der Zweck die Mittel? Es steht jedenfalls fest, daß ohne die Absicht und ohne den Willen Wilsons die USA nicht in den Krieg gegen das Deutsche Reich eingetreten wären, ohne die englische, von Wilson unterstützte Propaganda wiederum hätte er bei den einfachen Amerikanern nicht die notwendige Unterstützung erhalten.

Palästina den Juden

Weil sie die jüdische Community in den USA für einflußreich hielten, richteten die Engländer über ihren Außenminister im Herbst 1917 an alle Juden die Zusicherung, ihnen in Palästina eine nationale Heimat zu schaffen. Dieses Versprechen, als Balfour-Erklärung bekannt, diente dazu, die Juden in der Welt und nach Möglichkeit auch die Zionisten in Deutschland, für die Alliierten und gegen Deutschland zu gewinnen. Gleichzeitig versprach England den unter türkischer Herrschaft stehenden Arabern die Befreiung und das Recht, ihre Regierungen nach eigenem Willen zu bestimmen. Beide Versprechen schlossen sich gegenseitig aus und standen außerdem gegen das 1916 zwischen England und Frankreich abgeschlossene Sykes-Picot-Abkommen, in dem sich die beiden Staaten die asiatische Türkei untereinander aufgeteilt hatten. Diese Zusammenhänge nicht durchschauend, honorierten die Araber das ihnen gegebene Versprechen mit der aktiven Beteiligung an den Kampfhandlungen gegen die Mittelmächte. Große Enttäuschung und Feindschaft gleichermaßen gegen die Engländer und Juden entstand allerdings bei ihnen, als nach dem Krieg mit der Errichtung von Syrien, Libanon, Transjordanien und Palästina die arabische Welt nicht nur geteilt, sondern außerdem unter französische und englische Herrschaft kam, die zum Zwecke der Verschleierung der wahren Machtverhältnisse als „Mandatsherrschaft“ bezeichnet wurde. In Wirklichkeit wurden für die Araber nur „die Herren“ ausgetauscht im Sinne der Forderung Wilsons nach „freier Eigenbestimmung“. Statt Türken herrschten nun Franzosen und Engländer. „Es ist haarsträubend, daß diese unwissenden und unverantwortlichen Männer Kleinasien mir nichts, dir nichts in Stücke schneiden, als verteilten sie einen Kuchen. Ist es nicht furchtbar, daß über das Glück von Millionen auf solche Art verfügt wird?“ (Harold Nicolson)

Lenin und der Ausstieg aus der Allianz

Die deutsche Reichsregierung war sich der Macht der gegnerischen Propaganda bewußt, deutsche Professoren, selbst Thomas Mann, bemühten sich aufrichtig, aber erfolglos, mit Aufsätzen und Artikeln so gut es ging gegen den Einfluß der alliierten Propaganda anzuschreiben. Mit der Berufung auf das Völkerrecht oder auf die von den deutschen Klassikern geforderten staatlichen Handlungsprinzipien von Recht und Gerechtigkeit konnte der Haßpropaganda allerdings nicht erfolgreich begegnet werden. In einem Fall jedoch glaubte die deutsche Regierung, die besseren Karten in der Hand zu halten, das war die Unterstützung der russischen Revolution; nicht etwa durch Duldung und aktive Unterstützung der in Deutschland lebenden Umsturzkräfte, sondern dadurch, daß man Lenin und seinen nächsten Mitarbeitern gestattete, in einem plombierten Zug von der Schweiz durch Deutschland nach St. Petersburg (Petrograd) zu fahren. Der Zug erreichte am 16. April 1917 mit Wladimir Iljitsch Lenin und anderen bolschewistischen Führern den Bahnhof von Petrograd. Im Grunde ging der deutschen Regierung die Unterstützung von Umsturzplänen contre coeur. Staatliche Autorität von unten umzustürzen stieß in Deutschland auf grundsätzliche Ablehnung. Aber der Krieg heiligte die Mittel. So hat Deutschland auch einmal mit Erfolg auf die Wirkung von Agitation und Demagogie gesetzt, denn Rußland schied dank Lenins demagogischer Fähigkeiten, durch die er sich an die Spitze der bolschewistischen Revolution setzte, aus dem Kreis der deutschen Kriegsgegner aus.

Wilson und der „Heilige" Krieg

Längst war die mittelalterliche Lehre vom „bellum justum", vom gerechten Krieg, und vom Dschihad, dem heiligen Krieg, mit der Christentum und Islam ihre Eroberungskriege gegen Ungläubige gerechtfertigt hatten, vom Völkerrecht aller Kulturnationen aufgegeben worden; 1914 feierte diese Lehre durch die USA ihre unglückliche Wiederauferstehung und vergiftete das Verhältnis der Völker untereinander. Aber auch das im internationalen Recht an seine Stelle getretene „finis belli pax est", das Ziel eines Krieges muß ein guter Friede sein, wurde von den sich völkerrechtlich so überlegen gebenden USA mißachtet. Im Frieden von Versailles wurden die besiegten Mittelmächte gedemütigt und zum wirtschaftlichen Niedergang getrieben, ihr Gebiet wurde zerhackt. Europa hat dafür gezahlt. Bis zum heutigen Tage.

Lenin und Wilson bedienten sich ähnlicher propagandistischer Mittel, um die Massen und die Welt für sich zu gewinnen. Mit der Proklamation der bekannten „14 Punkte“ vom 8. Januar 1918 wollte Wilson die Propagandawirkung der bolschewistischen Forderung vom Dezember 1917 nach einem annexions- und kontributionslosen Frieden unterlaufen und selbst auf die russischen und deutschen Soldaten Einfluß gewinnen. Erst in zweiter Linie waren diese Punkte als Friedensangebote gedacht. Edgar Sisson, Wilsons Agent in Rußland, forderte am 3. 1. 1918 von Wilson knappe Manifestationen, die sich sowohl als Säulenanschlag eigneten als auch zur Verteilung an Soldaten und Zivilisten. Den Empfängern sollte der Glaube an den Edelmut des Präsidenten und an die hehren Kriegsziele der Entente vermittelt werden. Nur wenige Tage später waren Zettel mit den 14 Punkten in über einer Million Exemplaren in der deutschen und russischen Armee verteilt worden, um die Moral der deutschen Truppen zu untergraben, indem man sie davon zu überzeugen suchte, daß ihre eigenen Kriegsziele auch ohne Fortsetzung des Kampfes erreichbar seien. Wiederum zeigte sich auch hier die Neigung Wilsons zur Unaufrichtigkeit. Denn er war nicht nur über die geheimen Kriegszielverträge der Entente mit ihren karthartischen Absichten unterrichtet, sondern auch darüber, daß England die von Wilson in Punkt 2 seiner Erklärung geforderte Freiheit der Meere strikt ablehnte. Diese Kenntnis suchte er, wie es Hans Herzfeld in seinem Buch „Der Erste Weltkrieg“ mit vornehmer Zurückhaltung ausdrückte, weitgehend zu verschleiern.

Mit Lenin, Wilson, Clemenceau und Lloyd George betraten 100 Jahre nach der französischen Revolution Volkstribunen wieder die Weltbühne, die es verstanden, das Denken und Fühlen der Massen mit einfachen Begriffen und Ausdrücken zu beeinflussen. Gustave Le Bon, französischer Arzt und Sozialpsychologe, hatte 1895 Regeln aufgestellt, denen die Beeinflussung von Massen und Mengen folgen müsse, wenn der Politiker sein Ziel erreichen will. Ob sich Wilson an Le Bon orientiert hat oder ob er ein Naturtalent war, das in Verbindung mit seiner puritanischen Obsession wußte, was zum propagandistischen Erfolg führt, wissen wir nicht. Von den Grundregeln Le Bons, denen Wilson und die englischen Agitatoren bewußt oder unbewußt gefolgt sind, halten wir fest:

Die Massen nehmen nur aufgedrängte Urteile an, niemals geprüfte Urteile. Die Leichtigkeit, mit der gewisse Meinungen allgemein werden, hängt vor allem mit der Unfähigkeit der meisten Menschen zusammen, sich eine eigene Meinung zu bilden.

Alle politischen, religiösen und sozialen Glaubenslehren finden bei den Massen nur Aufnahme unter der Bedingung, daß sie eine religiöse Form angenommen haben, die sie jeder Auseinandersetzung entzieht. Für die Massen muß man entweder ein Gott sein oder man ist nichts.

Der Sinn von Begriffen wie Demokratie, Sozialismus, Gleichheit und Freiheit ist so unbestimmt, daß dicke Bände nicht ausreichen, ihn zu erklären. Und doch knüpft sich eine wahrhaft magische Macht an ihre kurzen Silben, als ob sie die Lösung aller Fragen enthielten.

Die einfache Behauptung ohne Begründung und Beweis ist ein sicheres Mittel, um der Massenseele eine Idee einzuflößen. Je bestimmter eine Behauptung, je freier sie von Beweisen und Belegen ist, desto mehr Ehrfurcht erweckt sie. Sie ist immer wieder zu wiederholen. Das Wiederholte setzt sich in den tiefen Bereichen des Unbewußten fest.

Nie haben die Massen nach Wahrheit gedürstet. Von den Tatsachen, die ihnen mißfallen, wenden sie sich ab und ziehen es vor, den Irrtum zu vergöttern, wenn er sie zu verführen vermag. Wer sie zu täuschen versteht, wird leicht ihr Herr, wer sie aufzuklären sucht, stets ihr Opfer.

Unheilvolle Folgen der Propaganda

Deutschland war besiegt, entwaffnet, entehrt und um 10 % seines Staatsgebiets verkleinert, mit unerfüllbaren Reparationforderungen belastet, im Rheinland von 100.000 französischen Soldaten besetzt und weiterhin von zwei Staaten flankiert, die mit ihren Armeen eine ständige Bedrohung darstellten. Die kleineren Nachbarstaaten rüsteten ebenfalls auf. Deutschland war nicht mehr verteidigungsfähig. „Der Kaiser hat abgedankt. Er und seine Freunde sind verschwunden. Das Volk hat auf der ganzen Linie gesiegt", verkündete der Sozialdemokrat Philipp Scheidemann am 9. November 1918 bei der Ausrufung der Republik. Sozialdemokraten waren zwar auch Besiegte, wurden von den Siegermächten auch als solche behandelt, agierten aber trotzdem als „Sieger", als vom „Joch der Junker" Befreite oder – mit den Worten Wilsons – als „die von der Macht einer gewaltigen Organisation Befreiten, einer Organisation, die von einer unverantwortlichen Regierung geleitet wurde, welche sich nicht an die Schranken des Rechts und der Wahrhaftigkeit kehrte". Die globale Diskreditierung der deutschen Regierung durch die alliierte Kriegspropaganda wurde von der Mehrheit der Deutschen als Angriff auf ihre eigene moralische Integrität gewertet. In diesem Sinne wurde auch die unwürdige Behandlung der deutschen Delegation empfunden, die in Versailles die Friedensbedingungen ohne Verhandlungen entgegenzunehmen und zu unterschreiben hatte. Die allgemeine Enttäuschung über die Nichteinhaltung der versprochenen 14 Punkte führte im besiegten Deutschland dazu, Wilson öffentlich als Betrüger zu bezeichnen.

Die von nun an zunehmende Bedeutung der Massenbeeinflussung durch Demagogie und Agitation als Instrumente zur Durchsetzung politischer Ziele war eine weitere Hinterlassenschaft der amerikanisch-englischen Kriegspropaganda, deren Opfer Deutschland geworden war. Wie leicht und bereitwillig selbst Regierungen der Propaganda und dem Druck der Amerikaner gefolgt sind, zeigt der Umstand, daß eine Reihe von Ländern dem Deutschen Reich den Krieg erklärte, die bis dahin im guten, fast freundschaftlichen Verhältnis zu Deutschland gestanden hatten: hierzu zählen u. a. die Südafrikanische Union, Bolivien, Brasilien, Kuba, Ecuador, Guatemala, Liberia, Nicaragua, Peru, Portugal und Uruguay.

Deutsche sehnen sich nach Ordnung und Stabilität

Die Mehrzahl der Deutschen vertraute dem traditionellen deutschen Rechtsstaat, seiner über den Parteiinteressen stehenden Autorität. Er war die Grundlage für „Ordnung und Verdienst", wie der Schweizer Geschichtsphilosoph Jacob Burckhardt den Wunsch des Durchschnittsbürgers überall in der Welt umschrieb. Die Mehrheit der deutschen Bevölkerung sehnte sich angesichts des Geldverlustes durch die Inflation 1923, des ständigen Wechsels der Regierungen, der chaotischen Verhältnisse auf den Straßen und der großen Arbeitslosigkeit nach Stabilität und Rechtsstaatlichkeit. Es konnte daher nicht verwundern, daß sich zumindest die bürgerliche Mehrheit mit dem neuen Regierungssystem, das als von den Siegern aufgezwungen empfunden wurde, nicht abfinden konnte und nach den zurückliegenden Erfahrungen auch nicht abfinden wollte, zumal da Wilson in seiner Rede vom 22. Januar 1917 erklärt hatte, daß kein Staat danach streben sollte, seine Regierungsform irgendeinem anderen Volk aufzunötigen, und es sollte jedem Volke freistehen, seine Regierungsform und seinen Entwicklungsgang unbehindert, unbedroht und unerschrocken selbst zu bestimmen. Auch in dieser Beziehung hat Wilson sein Versprechen nicht gehalten.

Daß sich das Deutsche Kaiserreich während der Jahrzehnte vor und nach der Jahrhundertwende in Richtung auf eine größere Beteiligung der Arbeiter am Staat schon längst zu entwickeln begonnen hatte, wurde auch von der Mehrheit der Bürgerlichen gebilligt, aber es bestand die durchaus berechtigte Überzeugung, daß dazu nicht eine Systemänderung notwendig sei. Das amerikanische „Spoil-System“ stieß die Menschen ab. Sie waren nicht daran gewöhnt und wollten es auch nicht, daß der Staat die Beute von Interessengruppen, von einer im Wahlkampf obsiegenden Partei werden konnte, die ihre Parteigänger in die Verwaltung, Gerichte und andere wichtige öffentliche Einrichtungen entsandte, wie das in der als „pluralistisch“ bezeichneten Parteiendemokratie zum selbstverständlichen Grundritus geworden war. Der Staat stand im kaiserlichen Deutschland über dem Parteienhader. Daher glaubten die Deutschen, von wenigen Ausnahmen abgesehen, an die Rechtmäßigkeit und Sozialverantwortlichkeit staatlichen Handelns. Sie sahen diesen Glauben gerechtfertigt durch die lange Tradition der Rechtsstaatlichkeit im Deutschen Reich oder vor 1871 in den deutschen Bundesstaaten, unter denen zahlreiche erfolgreiche soziale und gesellschaftliche Reformen im Laufe des 19. Jahrhunderts ohne Krieg und Revolution vollbracht worden waren.

Nachdem die innere Zersetzung und Konfrontation in Deutschland von der englisch-amerikanischen Kriegspropaganda mit allen Mitteln gefördert worden war und auch die Bolschewisten die staatliche Autorität zu untergraben versucht hatten, bestand nun eine allgemeine Furcht vor einer Ausbreitung der bolschewistischen Revolution über Europa. In seinem Memorandum vom 25. März 1919 erklärte Lloyd George: „Die größte Gefahr, die ich in der gegenwärtigen Lage sehe, ist die, daß Deutschland sich mit dem Bolschewismus zusammentun und seine Hilfsmittel, seinen Verstand, seine Organisationskraft zur Verfügung der revolutionären Fanatiker stellen könnte, deren Traum ist, die Welt mit Waffengewalt für den Bolschewismus zu erobern. Diese Gefahr ist keine Chimäre. Die gegenwärtige Regierung in Deutschland ist schwach; sie hat kein Ansehen, ihre Autorität findet Widerstand; sie schleppt sich nur fort." Lloyd Georges Befund bildete den Auftakt zu dem, was sich nun in Deutschland anbahnte. Gut und Böse, Himmel und Hölle, werden als Pole zur agitatorischen Durchsetzung einer Idee gebraucht. Der Ideenkampf zwischen den ehemaligen Kriegsgegnern Deutschlands in West und Ost spielte sich jetzt mit aller Härte um das Denken und Fühlen eines Volkes ab, das den Krieg verloren hatte, entehrt war und bei anhaltendem Niedergang der Wirtschaft die größte Arbeitslosigkeit seiner Geschichte erlebte. Daß dieses Volk angesichts der seelischen und materiellen Belastungen, die es zu ertragen hatte, nicht in völligem Chaos versank, war nicht das Verdienst des neuen Regierungssystems, auch nicht der „demokratischen“ Parteien, sondern ist der Disziplin und der Solidarität zu verdanken, die dem deutschen Volk in seiner Mehrheit noch immer eigen waren. Verzweiflung, Hoffnungslosigkeit, Existenzängste, Sehnsucht nach Ordnung und Sicherheit sowie die Überzeugung der heimgekehrten Frontsoldaten, nach einem tapferen und opferreichen Kampf zu Unrecht gedemütigt worden zu sein, bestimmten die politische Bühne, die Adolf Hitler jetzt betrat – mit seiner zwielichtigen und unaufrichtigen Rhetorik ein ebenso begabter Agitator wie Wilson und Lloyd George. Er wählte sich zu seinem Beelzebub, zu seinem agitatorischen Gegner, die Juden. „Im Jahre 1918 konnte von einem planmäßigen Antisemitismus in Deutschland gar keine Rede sein. Noch erinnere ich mich der Schwierigkeiten, auf die man stieß, sowie man nur das Wort Jude in den Mund nahm. Man wurde entweder dumm angeglotzt, oder man erlebte heftigsten Widerstand. Unsere ersten Versuche, der Öffentlichkeit den wahren Feind zu zeigen, schienen damals fast aussichtslos zu sein. Jedenfalls begann erst im Winter 1919 so etwas wie Antisemitismus langsam Wurzeln zu fassen. Später hat dann allerdings die nationalsozialistische Bewegung die Judenfrage ganz anders vorwärts getrieben.“ Das schrieb Hitler in seinem „Mein Kampf“ im Jahre 1925. Hitler bewunderte die englische Kriegspropaganda. Er hielt sie für genial, weil sie der „Primitivität der Empfindung der breiten Masse“ gerecht geworden sei, und die Greuelpropaganda mit rücksichtsloser Härte eingesetzt habe. Die gegnerische Propaganda habe nie die große Linie verlassen und sich in vorbildlicher Weise auf wenige Gesichtspunkte beschränkt, die ausschließlich für die Masse berechnet gewesen seien. „Die angloamerikanische Kriegspropaganda war im Anfang scheinbar verrückt in der Frechheit ihrer Behauptungen, wurde später unangenehm und ward endlich geglaubt. Nach 4 1/2 Jahren brach in Deutschland eine Revolution aus, deren Schlagworte der feindlichen Kriegspropaganda entstammten." Mit diesem Zitat aus „Mein Kampf" ist die Position Hitlers zur Kriegspropaganda der Alliierten deutlich umrissen. In der nationalsozialistischen Kriegspropaganda des Zweiten Weltkriegs tauchte diese Bewunderung Hitlers wieder auf. „Der grausame preußische Offizier" und der als „Hunne" im Ersten Weltkrieg verleumdete deutsche Soldat verwandelte sich nun unter dem Zepter von Goebbels in Wort, Bild und Film in den russischen „Untermenschen" und in den heimtückischen „jüdischen Plutokraten". So bediente sich Goebbels als gelehriger Schüler der gleichen Methode, wie sie von dem Engländer Harmsworth und dem Amerikaner Creel im Ersten Weltkrieg angewendet worden war.

Im Gegensatz zu den Kabinettskriegen früherer Jahrhunderte, bei denen der besiegte Gegner, wenn er ritterlich und tapfer gekämpft hatte, seinen „Degen behielt", wurde mit der Diffamierung des deutschen Gegners ein Völkerhaß entfacht, der mit seinen einander unvereinbaren und feindseligen Ideologien das ganze 20. Jahrhundert beherrschen sollte. Dieser Haß führte dazu, daß dem Gegner auch nach Ruhen der Waffen nicht der „Degen belassen wurde". Lloyd George hat in seinen Memoiren eingestanden, bei der Festlegung der Friedensbedingungen in Versailles Gefangener seiner eigenen Kriegspropaganda gewesen zu sein.

Die Verleumdung des Kaiserreichs

Die deutschen Parteien, die sich zu dem neuen parlamentarischen System bekannten, das kurz „Weimar“ genannt wurde, lehnten Kaiser und Monarchie ab, damit zugleich ein halbes Jahrhundert deutscher Geschichte, in dem die Deutschen ihre größte und erfolgreichste Zeit erlebt hatten. Carl Heinrich Becker, Professor für Orientalistik und bis 1930 preußischer Kultusminister, neben Friedrich Althoff der bedeutendste Bildungspolitiker Deutschlands im 20. Jahrhundert, sagte im Jahre 1919: „Das gewaltige historische Gebilde Deutschland ist zusammengebrochen. Wir stehen vor der ungeheuer schwierigen Aufgabe, ein neues einigendes Band zu suchen, daß uns über unseren Stammespartikularismus, über unsere konfessionelle Spaltung und über unsere berufsständische und soziale Gliederung hinaus zum Einheitsvolke werden läßt. Es ist unser Unglück, daß die Geschichte des Kaiserreichs, d. h. die Geschichte der deutschen Großmachtstellung, so kurz gewesen ist und so unglücklich geendet hat. Aber bei dem unschätzbaren erzieherischen Wert, der in dieser Glanzperiode der erfüllten Reichseinheit liegt, dürfen wir die Erinnerung daran uns durch keine jetzt so naheliegende Bitternis der Kritik vergällen lassen. Der nationale Gedanke muß uns heiliger sein als der taktische Gesichtspunkt parteipolitischer Zweckmäßigkeit. Wir müssen versuchen, zu einer nationalen, statt zu einer parteipolitischen Bildungspolitik zu kommen." Den deutschen Sozialdemokraten, die dieses parlamentarische System so sehr herbeigewünscht hatten, weil es angeblich sozialgerechtere Verhältnisse schaffe, gelang es nicht, ihren „Wunschstaat" zu stabilisieren, weil sie in ihren Flügelkämpfen zu sehr zerstritten waren. Sie haben die vorangegangene kaiserliche Regierung kritisiert und deren System bekämpft. Jetzt war es umgekehrt, sie erfuhren nun selbst eine systemkritische Opposition und die Schwierigkeit, die vielen heterogenen Kräfte und Gruppen im Interesse der Staatsräson zu kanalisieren. Es wäre daher zu einfach, für das Scheitern von Weimar dem „unbelehrbaren" oder sogar aggressiven deutschen Volk die Schuld zu geben. Es war die Sozialdemokratie, die als die bedeutendste Partei der demokratischen Republik bei der Erhaltung ihres „Wunschstaates" versagt hat. Nationalsozialisten und Kommunisten verurteilten Kaiser und Monarchie ebenfalls, wollten aber darüber hinaus eine andere Republik, auch wenn sie sich zunächst, zwar nur mit Einschränkungen, an die Spielregeln der neuen Verfassung hielten. Hitler wollte legal an die Macht kommen, das bedeutete für ihn, mit rücksichtsloser Demagogie die Massen für sich zu gewinnen. Mit der Weimarer Verfassung, die nicht das einfache Mehrheitswahlrecht, sondern das uneingeschränkte Verhältniswahlrecht stipulierte, wurde das politische Leben atomisiert und damit dem Wachstum der Nationalsozialisten Vorschub geleistet. Acht Regierungen innerhalb von 9 Jahren – das entsprach nicht dem Verlangen der Deutschen nach einer stabilen Regierung. Auch die schwierigen außenpolitischen Probleme konnten nach Auffassung Brünings, des letzten bedeutenden Kanzlers der Weimarer Republik, nur sachlich mit politischem Instinkt, mit Visionen und Nüchternheit gelöst werden, nicht mit Parteiengezänk und Propaganda. Brüning sagte damals: „Die heutige Technik der Propaganda ist in ihren Folgen zerstörender als irgendeine militärische Waffe. Sie verhindert weitschauende konstruktive Lösungen vor und nach Kriegen, denn die Wirkungen des Rundfunks, der Zeitung und der Buchpropaganda können nicht so schnell ausgelöscht werden. Dies ist eine der gefährlichsten Entwicklungen in der heutigen Demokratie." Die Angst vor den revolutionären Folgen von Demagogie und Agitation plagten schon seinen berühmteren Vorgänger, nämlich Reichskanzler Otto von Bismarck. Der Aufstand der Kommunen in Paris 1871 verursachte ihm Alpdrücken, es war nach Theodor Schieder sein „Cauchemar des révolutions", der Alptraum von der Revolution. Die Entzweiung der deutschen Gesellschaft im Kaiserreich, von der manche Historiker sprechen, war eine Folge von marxistischer Demagogie, sie war nicht sachlich bedingt, denn der deutsche Staat war nicht nur ein Rechtsstaat, sondern auch ein Sozialstaat. Ein „Reichskanzler" Bebel als Nachfolger Bismarcks hätte keine besseren Sozialgesetze, keine besseren Arbeitsbedingungen und auch nicht mehr innere Stabilität schaffen können, sondern eher das Gegenteil bewirkt.

Amerikanische Subsidien oder Kredite?

Die amerikanische These, daß die englischen und französischen Kriegsschulden gegenüber den USA nichts mit den in Versailles der deutschen Republik auferlegten Reparationen (123 Milliarden Goldmark entsprechen im Jahre 1980 etwa dem Vierfachen des gesamten Bundeshaushalts!) zu tun hätten, empfand Reichskanzler Brüning als unaufrichtig. Die Amerikaner waren zunächst indirekt, später direkt am Krieg beteiligt, ihre Waffenlieferungen an die Alliierten hatten den Charakter von Subsidien, waren daher keine Kredite. Die Forderungen Frankreichs und Englands auf deutsche Reparationen standen im engen Zusammenhang mit dem Schicksal dieser amerikanischen Subsidien. Beide Länder, durch den Krieg den amerikanischen Geldgebern gegenüber zahlungsunfähig geworden, stellten bezüglich der Höhe der von Deutschland geforderten Reparationen ein unauflösbares Junktim zu den amerikanischen Subsidien her. Das war der amerikanischen Regierung bekannt. Wenn sie trotzdem öffentlich darauf beharrte, ihre Rückzahlungsforderungen gegenüber England und Frankreich nicht als Reparationen zu bezeichnen, sondern als ihr Recht auf Rückzahlung gewährter „Kredite", dann geschah das wiederum zum Zwecke der Täuschung. Vorgeblich fühlte sich die amerikanische Regierung an die Zusage Wilsons gebunden, die dieser im Anschluß an die Erklärung der russischen Räteregierung gleichen Inhalts vom Dezember 1917 gegeben hatte, nämlich „keine Annexionen und keine Kontributionen". In Wirklichkeit aber floß der größte Teil der von Deutschland an Frankreich und England gezahlten Reparationssummen über

Houston Stewart Chamberlain

die französischen und englischen Kassen zurück in die Tresore der amerikanischen Staatsbank. Für die politische und ökonomische Stabilität Deutschlands kam diesen Rückzahlungsforderungen eine immense Bedeutung zu. Auch in dieser Hinsicht trug die amerikanische Regierung eine Verantwortung, bei der sie versagt hat. Daran konnten auch die Bemühungen der USA in den zwanziger Jahren mit ihren Dawes- und Young-Plänen nichts ändern. Diesen Plänen, die Moratorien oder Zahlungsstreckungen zum Ziel hatten, wird im nachhinein ohnehin eine zu große Bedeutung beigemessen. Das Kind war bereits in den Brunnen gefallen.

Iwan Petrowitsch Pawlow

Der Erste Weltkrieg in der Gegenwartsliteratur

In der historischen Literatur der Gegenwart über den Ersten Weltkrieg, seine Ursachen, seinen Verlauf und seine Folgen, wird die Rolle der USA, obwohl sie entscheidend war und den Niedergang Europas ausgelöst hat, nur mit Zurückhaltung behandelt. In der Regel werden die Kriegshandlungen der USA, dieser angeblich stets „so großmütigen und so selbstlosen" Nation, nicht als eigenständige Entscheidungen, sondern als angemessene und richtige Reaktionen der USA auf böswilliges und fehlerhaftes Verhalten des um seine Existenz ringenden Deutschen Reiches dargestellt. Angesichts der jüngsten deutschen Geschichte unter den beiden Diktaturen 1933–1989 fehlt vielen deutschen Historikern und Journalisten der Mut zu einer kritischen Beurteilung der amerikanischen Geschichte. Ganz anders in den zwanziger Jahren: Daß die meisten deutschen Historiker damals mit sachlichen Argumenten und bewährter Wissenschaftlichkeit vehement für die Wiederherstellung der durch den Artikel 231 der Friedensbedingungen (Kriegsschuldthese, Auslieferung des Kaisers und deutscher „Kriegsverbrecher“ an die Alliierten) verletzten Würde Deutschlands eingetreten sind, ehrt sie. Wir anerkennen ihr Verhalten als eine folgerichtige Reaktion auf die Kränkungen und massiven Diffamierungen, denen Deutschland damals zu Unrecht ausgesetzt war. Ihren Argumenten können wir zustimmen. Mit verschwindend wenigen Ausnahmen empfanden sich die deutschen Historiker nach dem Ersten Weltkrieg noch als Teil einer Schicksalsgemeinschaft, die nicht nur unsägliche Opfer hat erbringen müssen, sondern geistigen Zuspruch und Verteidigung verdiente. Doch nicht nur in Deutschland, sondern auch im Ausland, und zwar sowohl in den am Krieg beteiligten als auch in den neutralen Staaten gab es kritische Stimmen. So hat das Mitglied des amerikanischen Senats, Senator Robert L. Owen, im Jahre 1928 eine Untersuchung durch neutrale Historiker und Völkerrechtler über die Kriegsschuldfrage veranlaßt. Das Ergebnis dieser Untersuchung wurde mit den Stimmen aus Holland, der Schweiz, Finnland, Norwegen und Schweden veröffentlicht. Diese Untersuchung enthielt Anklagen gegen die englische Außenpolitik unter Grey und gegen die amerikanische Kriegsbeteiligung unter Wilson. Zu diesen kritischen Stimmen aus dem Ausland gehörte ferner der in den dreißiger Jahren vom amerikanischen Kongreß eingesetzte Untersuchungsausschuß unter dem Vorsitz des Senators Gerald P. Nye. Er kam zu dem Ergebnis, daß die Amerikaner unter Wilson von der Rüstungsindustrie und den Bankiers, insbesondere von der Bank Morgan, in den Krieg hineinmanipuliert worden seien. Man hätte die Europäer allein lassen sollen, damit sie lernen, ihre Angelegenheiten untereinander selbst zu regeln. Auch in den Memoiren und Stellungnahmen von Politikern der Entente gab es kritische und selbstkritische Stimmen.

Die amerikanische Umerziehungspolitik nach dem Zweiten Weltkrieg

Im Jahre 1945, nach dem Ende des Zweiten Weltkrieges, wurden infolge der amerikanischen „Umerziehungspolitik" schlagartig alle diese inzwischen gewonnenen Erkenntnisse über die Ursachen und Folgen des Ersten Weltkriegs verschwiegen und außer Kraft gesetzt. Man knüpfte wieder dort an, wo man in Versailles 1919 aufgehört hatte, untersagte oder verhinderte mit subtilen, aber wirksamen politischen Druckmitteln jegliche Kritik an den amerikanischen „Lichtgestalten". Die Bezeichnung „Friedrich der Große" statt Friedrich II. war ebenfalls nicht erwünscht, auch nicht die Erwähnung der Widerstandskämpfer gegen Hitler aus vielen Familien des altpreußischen Adels und des Offiziercorps der Wehrmacht, weil „the information about the German Widerstand" nicht mit der antipreußisch ausgerichteten Umerziehungspolitik übereinstimmte, wie der leitende Presseoffizier in der britischen Militärregierung in Berlin und Historiker Michael Balfour viele Jahre später zugab. Und wenn Karl Barth, der von der evangelischen Kirche als Moralapostel hochverehrte Schweizer Theologe, meinte, „Fridericus, Bismarck und die Männer von 1914" (gemeint waren natürlich die deutschen „Männer") hätten die Deutschen auf Hitler vorbereitet, so trug das ebenfalls nicht zu einer vorurteilsfreien Beschreibung dieses Zeitabschnittes bei, zumal da Karl Barth, der nicht über ein grundlegendes historisches Wissen verfügte, seine These von der deutschen Schuldkontinuität der amerikanischen Umerziehungsliteratur entnommen hatte. Die Verbrechen an den Juden lasteten zu schwer auf uns Deutschen. Sie stellten sich wie eine Mauer vor die vorurteilsfreie Behandlung unserer Geschichte. Dahinter war nur Dunkelheit des Nichtwissens und des Nichtwissenwollens, die kaum einer zu durchdringen wagte.

Für die Beurteilung der Geschichte des Ersten Weltkrieges hatte die Umerziehungspropaganda der Amerikaner jedenfalls Erfolg. Es gibt in Deutschland kaum einen Gebildeten mit Abitur und einigen geschichtlichen Kenntnissen, der trotz der reichlichen und differenzierenden Literatur über diesen Krieg nicht mit den üblichen Reflexen reagiert, indem er auf das Stichwort „Erster Weltkrieg" Schlagworte aussondert wie Blankovollmacht, Flottenrüstung, Lusitania, unbeschränkter U-Boot-Krieg. Dies erinnert an die von Pawlow konditionierten Hunde, die mit Ertönen eines Glockenzeichens auch ohne Futtergabe Speichel in ihrem Maul aussonderten. Harold Nicolson, der Sohn von Sir Arthur Nicolson, hat im Jahre 1930 in seinem Buch: „Die Verschwörung der Diplomaten" mit Recht gefordert, sich bei der Suche nach den

Kriegsgründen nicht an den letzten 12 Tagen der Juli-Krise 1914 oder äußeren Anlässen festzuhalten, sondern die gesamten historischen Hintergründe der Jahrzehnte vor dem Krieg einer Beurteilung zu unterziehen. Diese Mahnung sollte auch heute noch beherzigt werden. So ganz begreiflich ist es daher nicht, wenn Fritz Fischer seine aggressiven Vorwürfe gegen die kaiserliche Regierung auf Notizen, Memoranden und Schreiben gründet, die entweder erst kurz vor Kriegsbeginn oder sogar erst während des Kriegsverlaufs abgefaßt worden sind.

Wilson als Ursache von Hitler

Bei den „Tiefbohrungen“ nach den Ursachen von Hitler sind die amerikanischen Geschichtsdeuter und ihre deutschen Epigonen auf Luther, Friedrich den Großen, das preußische Militär, Bismarck, Kaiser Wilhelm II., Hindenburg und gelegentlich sogar auch auf angebliche Gewalttätigkeiten der Germanen vor 2.000 Jahren gestoßen. Die Rolle der USA für die Entwicklung Europas nach dem Ersten Weltkrieg wird nur als Nebensache erwähnt. Amerika „bewältigt“ gern die Vergangenheit anderer Nationen, nur nicht die eigene Vergangenheit. Man sucht zur eigenen Rechtfertigung nach dem Sündenbock. Nicht Luther, nicht Friedrich der Große, auch nicht der angeblich aggressive Charakter des deutschen Volkes, sondern Wilson und seine Anhänger haben den Nährboden vorbereitet, auf dem der Nationalsozialismus wurzeln konnte. „Der französische Revanchegedanke“ sowie Haß und Neid, wie sie von Woodrow Wilson verkörpert wurden, haben zu Hitler geführt. Diese Ansicht vertrat

Bertrand Russell schon im Jahre 1934 in seinem Buch „Freedom and Organization". Es ist auch bezeichnend, wenn ein bekannter deutscher Professor für Politologie die Ablehnung des Kaiserreichs und seiner Vorgeschichte als eine wichtige Voraussetzung ansieht für die „Umerziehung" des deutschen Volkes zur Demokratie (Kurt Sontheimer).

Hybris und Intransigenz der Entente sprechen aus der Bemerkung Lloyd Georges zu Lord Riddell im Jahre 1919: „Wir Briten haben uns durchgesetzt. Die deutschen Handelsschiffe sind ausgeliefert. Die deutschen Kolonien existieren nicht mehr, unser Hauptkonkurrent im Handel ist zum Krüppel geschlagen." Gleichzeitig sprach Wilson von Zivilisation, Gleichheit und von der Befreiung der Völker von der unverschämten deutschen Wirtschaftsmacht. Das kam aus dem Munde des Präsidenten einer Nation, die zu den aggressivsten Handelsimperialisten der neuzeitlichen Geschichte gehört, die Rassendiskriminierung im großen Rahmen zuließ und andere Nationen mit wirtschaftlichen Nachteilen und mit Androhung militärischer Intervention wieder und wieder erpreßt hat. Noch im Jahre 1927 hat das höchste Gericht der Vereinigten Staaten es für zulässig erklärt, daß ein amerikanisches Mädchen chinesischer Abstammung nur in einer Schule für Schwarze unterrichtet werden dürfe: „... a chinese girl could validly be required to attend a school for colored children".

Wilson und die „Yankees"

Was veranlaßte die Amerikaner, ihrem Präsidenten, der ihnen Frieden versprochen hatte, in seinen Krieg gegen Deutschland zu folgen? Versprach er ihnen, wie Hitler den Deutschen, die Verbesserung einer wirtschaftlichen Notlage, die Errettung aus Chaos und internationaler Diffamierung, die Wiederherstellung nationaler Würde? Oder appellierte der Präsident nur an die Habgier, lockte er mit den Chancen für eine weitere wirtschaftliche Expansion? Von der amerikanischen Bevölkerung entfielen große Teile auf Schwarze, Iren, Deutsche und andere Gruppen, die vor 1914 keine Abneigung gegenüber Deutschland empfanden. Außerdem waren etwa 40 % der amerikanischen Bevölkerung unter 20 Jahre alt, also mit europäischen Verhältnissen noch weniger vertraut als die erwachsenen Amerikaner. Dagegen fühlten sich die „Yankees", die „Neuengländer", dem englischen Mutterland eng verbunden. Sie waren als Vettern, Enkel und Urenkel ihrer englischen Verwandtschaft von einer starken Abneigung gegenüber Deutschland beseelt, Wilson und House gehörten zu ihnen. Die „Yankees" bildeten in den USA eine Art Geburts- und Geldaristokratie, die auf die übrigen Amerikaner herabblickte und in den USA mehr Einfluß ausübte als die preußischen „Junker" jemals in Deutschland. Sie waren es, die den amerikanischen Präsidenten in seinem Willen bestärkten, gegen die Deutschen Krieg zu führen.

Amerikaner lebten im Wohlstand. Sie hatten sich ein riesiges Land angeeignet und ihren Nachbarn weitere große Gebiete geraubt. Sie verfügten über nahezu unbegrenzte Bodenschätze und Expansionsmöglichkeiten. An keiner

Grenze waren sie ernsthaft bedroht. Infolge der dünnen Besiedelung entwickelte sich das Miteinander der Menschen in ihrem Land frei und verträglich. Der staatliche Ordnungsrahmen konnte deshalb im Vergleich zu Europa noch sehr weitmaschig sein. Um die Bevölkerungsdichte Deutschlands zu erreichen, hätten die USA statt 95 Millionen mindestens eine Milliarde Einwohner aufweisen müssen. Ein Gefühl der Bedrängnis, des Bedrohtseins oder der Not war es daher nicht, sich an dem Gemetzel in Europa zu beteiligen, die kriegführenden Staaten gegen Deutschland zu unterstützen und Millionen Männer im Zeichen von Freiheit und Menschlichkeit umzubringen. Die amerikanische Bevölkerung wurde, ebenso wie es sich später in Deutschland unter Hitler ereignet hat, Opfer von Demagogie, Propaganda und Agitation. Sie ist Wilson und den Yankees unkritisch gefolgt, sie hat die amerikanische Aggression gegen Deutschland mitgemacht und gehorcht.
Ein Beispiel für die Verblendung der Amerikaner lieferte der spätere Präsident der USA Ronald Reagan in seiner Inaugurationsrede im Januar 1981. Er wies auf die Feldzüge der Amerikaner für die Freiheit und gegen die Unterdrückung hin.
Martin Treptow, ein junger Frisör aus einer kleinen Stadt, der im Jahre 1917 in Europa gefallen war, habe in seinem später aufgefundenen Tagebuch notiert, er wolle im Kampf für die Freiheit und gegen den Deutschen Kaiser sein Leben als Soldat einsetzen. Dieser junge Mann hatte keine Vorstellung von Europa, noch viel weniger von dem hohen kulturellen Entwicklungsstand Deutschlands. Er und wohl auch Ronald Reagan selbst waren Opfer der antideutschen Propaganda. Als die Kameraden die-

ses jungen Frisörs, die den Krieg überlebt hatten, für die Auszahlung einer ihnen zugesagten Entschädigung im Jahre 1932 vor dem „Weißen Haus“ demonstrierten, wurde ihre Demonstration von der Armee unter dem Befehl von MacArthur und Eisenhower blutig niedergeschlagen. Ronald Reagan erwähnte dieses Ereignis in seiner Rede nicht.

Die 30 Jahre später in den Nürnberger Prozessen gegen Mitglieder der deutschen Regierung, gegen Unternehmensleiter und Offiziere erhobenen Vorwürfe der Vorbereitung und Durchführung eines Angriffkrieges, der Sklavenhaltung, der Aufwiegelung zum Völkerhaß, des Raubes von privatem Eigentum und der Kriegführung gegen die Zivilbevölkerung träfen auf die Aggression der USA gegen Deutschland im Ersten Weltkrieg uneingeschränkt zu.

Als nach dem Waffenstillstand am 11. November 1918 die von den Alliierten über Deutschland verhängte Lebensmittelblockade gegen die deutsche Zivilbevölkerung fortgesetzt wurde und als Folge davon 700.000 Frauen und Kinder im hungernden Deutschland starben, schwiegen Wilson und die amerikanische Öffentlichkeit. Entgegen den bisherigen Regeln des internationalen Rechts vergriffen sich die Alliierten am deutschen Privateigentum, sie raubten deutschen Firmen und Privatpersonen nicht nur Handelsschiffe und Auslandsniederlassungen, sondern auch Warenzeichen und Patente. Zu den bekanntesten gehörte das „Aspirin“ von Bayer, das erst in den neunziger Jahren, also zum Ende des 20. Jahrhunderts, durch milliardenschweren Rückkauf wieder in das Eigentum von Bayer gelangte. Sie holten den technischen Vorsprung der Deutschen von 20 Jahren mit einem

Schlage ein. Die von Wilson heiß begehrte dritte Präsidentschaftskandidatur scheiterte 1920. Die Amerikaner hatten ihn satt. Sie wählten einen Präsidenten der republikanischen Partei, wandten sich dem Isolationismus zu und ließen die Europäer mit den Wilsonschen „Segnungen“ allein.

Zusammenfassung

Der Teilnahme der USA am Krieg gegen Deutschland und der Uneinsichtigkeit und dem Haß von Franzosen und Engländern verdankt Europa seinen Niedergang. Für die Frevel, die Hitler und die Nationalsozialisten verübt haben, tragen wir Deutsche die Verantwortung. Doch daß ein Nährboden in Mitteleuropa entstehen konnte, auf dem die Drachensaat der nationalsozialistischen Demagogie und Agitation aufging, war nicht auf den im Vergleich mit anderen Nationen schlechteren Charakter der Deutschen, auch nicht auf Luther, Friedrich den Großen oder Bismarck zurückzuführen, ebensowenig auf die Schlacht bei Königgrätz, wie es in der amerikanischen Umerziehungsliteratur und von einigen deutschen Soziologen behauptet wird, sondern es war die Schuld Wilsons und der Amerikaner, die Wilsons Verführungskunst erlegen sind. Die Amerikaner wußten von dem Gemetzel in Europa und von dem Unrecht, das unter ihrer Mitverantwortung im Friedensvertrag von Versailles 1919 den europäischen Völkern angetan wurde. Sie tragen daher an dem Unglück Europas im 20. Jahrhundert wissend oder unwissend kollektive Verantwortung, zu der sie nicht stehen. Wer sollte sie zur Rechenschaft ziehen?

Historiker, Journalisten und Schulbuchautoren in den USA verweigern eine Aufarbeitung dieser historischen Schuld. Wilson, seine Berater und Anhänger waren Anstifter und Produkte einer demagogischen Massenverführung, die nur oder auch in einem demokratisch-parlamentarischen System möglich ist. Diese Erkenntnis war für die durch Aufklärung und Humanismus zivilisierte Welt Europas im beginnenden 20. Jahrhundert die erste und entscheidende Desillusionierung der demokratischen Ideale des späten 19. Jahrhunderts. Aus der anglo-amerikanischen Überheblichkeit, die im Puritanismus Oliver Cromwells ihre Wurzeln hat, „God's own country" oder „God's own people" zu sein, sowie in der Überschätzung der sogenannten „englischen Rasse" als der romanischen und slawischen Völkern Europas überlegenen Vertreterin des Menschentums (George Eliot), erwuchs die abstruse Idee von der Überlegenheit der „germanischen Rasse". Zu ihren Vätern gehörte unter anderem auch Houston Stewart Chamberlain (1855–1927), der in seiner Zeit vielgelesene englische Kulturphilosoph, der zwar als Wahldeutscher für die deutsche Staatsangehörigkeit votierte, aber seinem Wesen und seiner Erziehung nach dem angelsächsischen Kulturkreis zuzurechnen ist. Er war Wagnerianer. Hitler verehrte ihn. In seinem Buch „Die Grundlagen des 19. Jahrhunderts" betonte er den überragenden Anteil der „germanischen Rasse" an der europäischen Kultur.

Die Verfolgung ihrer eigensüchtigen Ziele, die sie in Verkennung ihrer nationalen Interessen in der Zerstörung Deutschlands sahen, dieser „großen Kulturnation" im Herzen Europas, wurde von den USA selbstgefällig mit dem Anspruch der Menschheit auf Humanität und Freiheit gerechtfertigt. In ihrem zerstörerischen Haß auf das Deutsche Reich setzte die amerikanische Führungsschicht ihre Erfahrungen und ihr Urteilsvermögen außer Kraft, sie vergaß die guten Beziehungen zu Deutschland vor dem Krieg und ihre Hochachtung gegenüber seinen Einrichtungen. Wiederholt sich Geschichte? Immer gelang es in den vergangenen Jahrhunderten, Menschen unter Berufung auf eine höhere Moral, auf den „wahren" Glauben zu fanatisieren und zu unbegreiflichen Gewalttätigkeiten zu verleiten. Spätestens mit der Aufklärung im 18. Jahrhundert wurde diese Art der Auseinandersetzung unter Staaten völkerrechtlich geächtet. Aber mit der Französischen Revolution und dann endgültig mit Wilson kehrte der „Religionskrieg" in die Auseinandersetzung unter Völkern zurück. Ideologische Glaubensbekenntnisse auf der einen Seite – es war die oktroyierte allgemeine Überzeugung, die Wahrheit zu besitzen – und die moralische Verunglimpfung des Gegners auf der anderen Seite fanatisierten die Menschen erneut zu abscheulicher Hartherzigkeit nicht nur gegenüber anderen, sondern auch sich selbst gegenüber bis zum eigenen Opfer: „make the people drunk with a spirit of self-sacrifice". Bei dem Charakter des Nationalsozialismus verwundert es nicht, daß sich Hitler und seine Anhänger ebenfalls dieser Methode bedienten. Deutschland war nicht nur der gedemütigte Verlierer, sondern auch eingezwängt zwischen den Unfehlbarkeitsanmaßungen der Bolschewisten und Anglo-Amerikaner – ein bis zum Ende unseres Jahrhunderts fortdauernder Zustand. Mit ihrer Selbstgerechtigkeit und ihrem „selbstverbrieften Gottesgnadentum" haben die Anglo-Amerikaner die Welt blind gemacht für das Unrecht, das sie nicht nur dem Deutschen Kaiserreich, sondern auch vielen anderen Völkern angetan haben. Der Umgang unter Nationen, Nationalitäten, rassischen und politischen Gruppierungen hat sich durch die „religiöse" und moralisierende Auseinandersetzung im Ersten Weltkrieg grundlegend verändert. Keiner hörte mehr auf die Erkenntnis des preußischen Philosophen Immanuel Kant, die er aus der Schreckensherrschaft der „Französischen Revolution" gezogen hatte, daß der fanatische Glaube immer ein Übel sei. Er postulierte daher die Pflicht, sich dem moralisierenden Fanatismus und Überlegenheitsdünkel stets zu widersetzen. Ethisch zu verurteilen sei der Versuch von Staaten oder Personen, ihren Glauben anderen aufzwingen zu wollen.

Als der französische Außenminister Jules Favre im französisch/deutschen Krieg 1870/71 persönlich bei dem Kommandierenden des 6. preußischen Armeekorps, General von Tümpling, um ein Gespräch mit Bismarck nachsuchte, gab von Tümpling ein Essen für Favre, der auf die deutschen Teilnehmer einen ausgezeichneten und achtunggebietenden Eindruck gemacht hat. Favre wiederum anerkannte die feine und ungezwungene Weise, mit der er von seinen deutschen Gegnern empfangen worden war. Nach der Verabschiedung Favres sagte von Tümpling zu seinen Offizieren: „Meine Herren, man ehrt sich selbst am meisten dadurch, daß man seine Feinde mit Achtung behandelt." Auf den Brief, mit dem Favre um das Gespräch mit Bismarck gebeten hatte, antwortete Bismarck:

„Ich habe das Schreiben erhalten, welches Ew. Exzellenz die Gefälligkeit gehabt hat, an mich zu richten, und es wird mir außerordentlich angenehm sein, wenn Sie mir die Ehre erzeigen wollten, mich morgen hier in Meaux zu besuchen. Der Überbringer dieses Schreibens, Prinz Biron, wird darüber wachen, daß Ew. Exzellenz durch unsere Truppen hindurchgeführt werden. Ich habe die Ehre, zu sein mit aller Hochachtung Ew. Exzellenz sehr gehorsamer Diener."

v. Bismarck

Welch ein Unterschied zu der demütigenden Behandlung der deutschen Verhandlungsdelegation in Versailles durch Amerikaner, Engländer und Franzosen. Gemeinsam mit ihren zaristischen Verbündeten hatten sie eine Haßlawine losgetreten, die Europa unter sich begraben hat. Vor dem Ersten Weltkrieg gab es englische Konzentrationslager. Es war ein Engländer, Lord Kitchener, der als Oberbefehlshaber der britischen Armee im Burenkrieg 1901 diesen Begriff in seiner ideologischen Bedeutung überhaupt erst in die Welt gesetzt hat, indem er mit dem Ziel systematischer Vernichtung seiner Gegner die rücksichtslose flächendeckende Internierung der gesamten gegnerischen Zivilbevölkerung in Konzentrationslagern befahl, in denen später Zehntausende von Frauen und Kindern umgekommen sind. Sklavenhaltung und Rassendiskriminierung im größten Umfange sind wiederum Teil der amerikanischen Geschichte. An Verbannung und Arbeitslager war die russische Bevölkerung gewöhnt, sie gehörten zum zaristischen Unterdrückungsapparat. Preußische Arbeitslager und Sklavenhaltung dagegen oder womöglich Konzentrationslager im kaiserlichen Deutschen Reich wären ein undenkbarer Widerspruch zur preußischen Staatsidee gewesen: eine „contradictio in adjecto".

Nachtrag: In A 1080 APPENDIX TO THE CONGRESSIONAL RECORD (1941) wird von US-Senator Rush D. Holt ein Brief zitiert, den Winston Churchill im Jahre 1936 an Mr. William Griffin, den Herausgeber und Verleger der Zeitung „New York Enquirer", gerichtet habe. Darin habe Churchill ausgeführt: „America's entrance into the war was disastrous not only for your country but for the Allies as well, because had you stayed at home and minded your own business we would have made peace with the Central Powers in the spring of 1917, and then there would have been no collapse in Russia, followed by communism; no break-down in Italy, followed by fascism; and Nazism would not at present be enthroned in Germany."

(Amerikas Kriegseintritt war verheerend nicht nur für die USA, sondern auch für die Allierten, denn wären die USA zu Hause geblieben und hätten sich um ihre eigenen Angelegenheiten gekümmert, wir (die Alliierten) hätten im Frühjahr 1917 mit den Mittelmächten Frieden geschlossen. Es wäre nicht zum Kollaps in Rußland gekommen mit dem nachfolgenden Kommunismus, kein Zusammenbruch in Italien mit dem nachfolgenden Faschismus; und Nazismus würde jetzt nicht in Deutschland an die Regierung gekommen sein.)

II.
PREUSSISCHER „MILITARISMUS“
Abschreckung als friedenserhaltende Militärdoktrin

Der Krieg um die spanische Krone

Um vom Deutschen Kaiser in Wien die Zustimmung zu seiner Krönung zum König in Preußen zu erlangen, verpflichtete sich der brandenburgische Kurfürst Friedrich III. im sogenannten „Königstraktat" vom 16. November 1700, den Deutschen Kaiser bei seinen Ansprüchen auf die spanische Königskrone gegen die Nachfolgeansprüche des französischen Königs Ludwig XIV. politisch und militärisch zu unterstützen. Brandenburgische Truppen sollten die Armeen der antifranzösischen Koalition, gebildet von England, Holland und Österreich, verstärken. Der preußische König machte die Entsendung seiner Truppen von der Zahlung englischer Subsidien abhängig.
Was war geschehen?
Im Jahre 1700 war der letzte Habsburger auf dem spanischen Thron, nämlich Karl II., kinderlos gestorben, so daß jetzt französische und habsburgisch-österreichische Erbansprüche in Betracht kamen. Frankreich fürchtete, vom Hause Habsburg im Süden und im Norden umklammert zu werden, der Wiener Habsburger, seinen Hausbesitz in den Niederlanden zu verlieren. England und Holland, die beiden Seemächte, waren dagegen von der Vorstellung, die Macht des französischen Königs könnte durch den Erwerb der spanischen Königskrone und damit auch durch den Erwerb der großen überseeischen Besitzungen Spaniens in Mittel- und Südamerika

noch weiter gestärkt werden, in höchstem Maße beunruhigt. Sie erkannten daher die preußische Königswürde des brandenburgischen Kurfürsten an und verschafften damit der im Jahre 1701 in Königsberg vollzogenen Krönung den internationalen Durchbruch. Sie wollten auf diesem Wege den Brandenburger in ihrem Kampf gegen Ludwig XIV. auf ihre Seite ziehen. Das gelang ihnen. So sehr sich die preußische Königswürde später als vorteilhaft für das Land erwies, in diesem Augenblick beschränkte der geradezu besessene Wunsch des Kurfürsten nach der Königswürde die außenpolitische Handlungsfreiheit Brandenburgs, das mit seinen vorgerückten Gebieten sowohl im Westen als auch im Osten in die Konfliktzonen des Spanischen Erbfolgekrieges und des Nordischen Krieges, der hauptsächlich zwischen Schweden und Rußland geführt wurde, hineinragte. So wurde Brandenburg-Preußen, das militärisch und wirtschaftlich zu schwach war, um sich in diesen europäischen Verwicklungen eigenständig zu behaupten, zum ohnmächtigen, ja zum betrogenen Vasallen der um die Aufteilung der Welt kämpfenden Großmächte Frankreich, England, Holland und Österreich und gleichzeitig zum wehrlosen Objekt der östlichen Mächte Rußland und Schweden. Obwohl Brandenburg-Preußen im Nordischen Krieg keine Kriegspartei war, mußte es den drückenden Durchmarsch von Russen und Schweden durch sein Gebiet hinnehmen. Seine hilflose Abhängigkeit von den Subsidien der Westmächte wurde durch die Verschwendungssucht des preußischen Königs und die sich hieraus ergebende desolate finanzielle Lage des Staates verstärkt. Friedrich bettelte um rechtzeitige Überweisung der Subsidien und um Gewährung von Krediten, um seine pompöse Hofhaltung aufrecht erhalten zu können, die er im Interesse der neuerworbenen Königswürde praktizieren zu müssen glaubte. Engländer und Österreicher behandelten die preußischen Kontingente nur als Hilfstruppen, denen ein eigenes Kommando verwehrt wurde, obwohl mit dem in preußischen Diensten stehenden Fürsten Leopold von Dessau und dem General von Natzmer hervorragende Heerführer zur Verfügung standen. In den entscheidenden Schlachten bei Höchstädt (1704) und Malplaquet (1709) unter Marlborough und Prinz Eugen gehörten die Brandenburger dank ihrer guten Ausbildung und ihrer Disziplin zu den erfolgreichsten Truppenteilen.

Kriege um die Wende vom 17. zum 18. Jahrhundert

Über die abschätzige Einstufung seiner Soldaten war der preußische Kronprinz Friedrich Wilhelm, der an den Feldzügen der Koalition persönlich teilnahm, äußerst verärgert, auch wenn Marlborough ihn bei seinen häufigen Truppenbesuchen höflich und entgegenkommend behandelte. Enttäuscht war er auch darüber – jetzt schon als König –, daß England in geheimen Friedensverhandlungen mit Frankreich seine Verbündeten Österreich und Brandenburg hinterging und sich unter Verletzung der Bündnisverpflichtungen die besten Stücke aus der Kriegsbeute von Frankreich zusagen ließ.

Frankreich strebte nach der Weltmacht und war damals der aggressivste Staat in Europa, der sich schon bei der Beendigung des 30jährigen Krieges 1648 als Garantiemacht neben Schweden die größten Vorteile verschafft hatte. Schon wenige Jahre nach diesem dreißigjährigen „Weltkrieg“ wurden die europäischen Staaten erneut von Frankreich und Schweden in kriegerische Konflikte verwickelt, die über das Ausmaß der Kriegshandlungen innerhalb des „Dreißigjährigen Krieges“ weit hinausgingen.

Es handelte sich hierbei um folgende Kriege:

1. *Krieg gegen Spanien und die spanischen Niederlande 1667 bis 1668 (Friede zu Aachen).*
2. *Eroberungskrieg gegen Holland 1672 bis 1678 (Friedensschluß Nimwegen), Wilhelm III. von Oranien, Schleusenöffnung.*
3. *Reunionskriege von 1671 bis 1688, Straßburg wird überfallen, besetzt und annektiert.*
4. *Von Frankreich vom Zaun gebrochener Pfälzischer Erbfolgekrieg von 1688 bis 1697, bei dem französische Truppen die Pfalz, insbesondere Worms, Heidelberg und die Kaisergräber in Speyer verwüsteten (Friedensschluß Rijswijk).*
5. *Von Frankreich mittelbar verursachter Spanischer Erbfolgekrieg von 1701 bis 1714.*
6. *Nordischer Krieg zwischen Rußland und Schweden von 1700 bis 1721.*
7. *Türkenkriege zwischen dem mit Frankreich verbündeten Osmanischen Reich und Europa von 1683 bis 1718, Österreich trug die Hauptlast.*

In diesen kriegerischen Verwicklungen hatten sich alle Staaten, mit Ausnahme Englands, völlig verausgabt und standen den Problemen eigener totaler Erschöpfung gegenüber. Während Brandenburg-Preußen, von den Gebieten in Geldern und Neuchâtel abgesehen, im Friedensvertrag von Utrecht 1713 trotz seines beachtlichen militärischen Beitrages zum Sieg der Großen Koalition über das aggressive Frankreich leer ausging, stieg England zur ersten Weltmacht auf, Holland mußte sich fortan mit dem zweiten Platz begnügen. Philipp V., ein Enkel Ludwigs XIV., wird als König von Spanien anerkannt mit der Auflage, daß die Kronen Frankreichs und Spaniens niemals vereinigt werden dürfen. England bekommt von Frankreich, dessen Besitzstand in Europa unverändert bleibt, Neufundland, Neuschottland und die Hudsonbai-Länder. Von Spanien erhält England Gibraltar und Menorca. Bei der Eroberung von Gibraltar hatten deutsche Truppen den entscheidenden Anteil. England hatte sich außerdem von Frankreich und Spanien das alleinige Recht zum Sklavenhandel auf den wirtschaftlich interessanten Routen einräumen lassen und übte dieses Recht monopolartig über 100 Jahre fast unangefochten aus. Da Sklaven zu den ertragreichsten Handelsobjekten im 18. Jahrhundert zählten, dürfte der unermeßliche Reichtum Englands hierin seine Ursache gehabt haben. Der Umfang des englischen Sklavenhandels im 18. Jahrhundert wird auf mindestens 12 Millionen Sklaven geschätzt.

Das Kastell in Wusterhausen und der junge König

Das war der politische und persönliche Hintergrund, vor dem der junge, im Jahre 1688 geborene Kronprinz Friedrich Wilhelm, den die Nachwelt den „Soldatenkönig“ nennen sollte, am preußischen Hof aufwuchs: Schwäche des Staates, Abhängigkeit von anderen Mächten, sittliche Verderbnis am Hof und eine allgemeine Verschwendungssucht. Das Schloß Charlottenburg, damals noch Lietzenburg, nannte der junge Kronprinz abschätzig „Lustenburg". Hinzu kam, daß zu den Hauptunterrichtsfächern des Kronprinzen die Geschichte Brandenburgs gehörte. Er kannte also das Schicksal seines Landes im „Dreißigjährigen Krieg" mit den gewaltigen Zerstörungen und Brandschatzungen durch fremde Truppen. Er hatte aber auch stets das Schicksal seines Großvaters, des Großen Kurfürsten, vor Augen, der trotz seines Sieges über die Schweden (1675 bei Fehrbellin) vom Kaiser und von den Franzosen im Friedensvertrag von Saint-Germain 1679 um den Lohn seines Sieges, nämlich Schwedisch-Vorpommern und Stettin, gebracht worden war.

Der Kronprinz zog sich auf sein kleines, düsteres und einsames Kastell in Wusterhausen zurück. Entgegen der damaligen Sitte an den Höfen puderte und parfümierte er sich nicht, sondern wusch sich jeden Tag mit frischem Wasser, schlief auf einem einfachen Bett und dachte über die künftige Gestaltung des Staates nach. Dieses Kastell wurde und ist bis heute in seiner Einfachheit ein eindrucksvolles Sinnbild Preußens. Hier formulierte der spätere König die Zweckbestimmung und die Bedürfnisse seines Staates. Er wollte die staatliche Unabhängigkeit und wirtschaftliche Gesundung Preußens. Sein Staat sollte nicht mehr Spielball fremder Mächte sein.

Das bedeutete für ihn Schuldenfreiheit und militärische Unangreifbarkeit (Abschreckung).

Schuldenfreiheit

Friedrich Wilhelm hat es zum Lebensgesetz des preußischen Staates gemacht, den Staatshaushalt grundsätzlich ohne Schulden zu führen. Seitdem hat dieser Staat nicht mehr die Rücksichtnahme auf in- oder ausländische Geldgeber oder Bankiers gekannt. An die Stelle der Staatsschuld der reichen westeuropäischen Länder hatte der Staatsschatz, der Tresor, zu treten. „Wenn ihr aber einen braven gespickten Tresor habet, könnt ihr viele Unglücke überstehen. Also müsset ihr jährlich zum jetzigen Tresor 500.000 Taler beilegen, denn eine formidable Armee und ein großer Tresor kann euch großen Respekt in der Welt geben." Zwei Grundsätze stießen hier aufeinander: der aristokratische und der pietistisch-bürgerliche Grundsatz. Der eine bemißt seine Einnahmen nach den Ausgaben, der andere richtet seine Ausgaben nach den Einnahmen. Friedrich Wilhelm I. schuf durch strenge Sparsamkeit und sein persönliches Beispiel in unermüdlicher Arbeit einen gut verwalteten Beamten- und Militärstaat, der die Staatsbürger mit Härte zum Ethos der Pflicht erzog. Er hinterließ bei seinem Tode einen Staatsschatz von 8 Millionen Talern, bemerkenswert im Verhältnis zur Größe seines Staates.

Im Gegensatz zu allen damaligen Potentaten Europas wurde mit dem Sparen bei den Mitgliedern des Hofes in Berlin, nicht bei den Untertanen begonnen. Bei seinem Regierungsantritt reduzierte der junge König 80 % der Staatskosten, indem er zum Beispiel von 120 Köchen nur noch 4 Köche in seiner Küche duldete. Von den 600 Pferden des Hofes behielt er nur noch 120. Auch die Kammerherren, Kammerjunker, Kammerdiener, Pagen und

Lakaien reduzierte er von 125 auf 15. Die überflüssigen Herren wurden meist zu den neuen Regimentern befohlen. Friedrich Wilhelms Maßnahmen lösten, besonders in Berlin, ein großes Gezeter aus, Gasthäuser mußten schließen, weil sie nicht mehr von den korrumpierten Köchen der Hofküche versorgt werden konnten. Gewaltig fuhr der Rotstift durch die Verwaltung. Ebenso durch das Pfründen- und Stellenwesen im Staat. Minister- und Generalsgehälter wurden auf 1/3 ihrer ursprünglichen Höhe herabgesetzt. Von den 24 Schlössern und Gärten rings um Berlin behielt der König nur sechs, die anderen wurden verkauft oder verpachtet. Aber diese Übergangszeit ging zu Ende: das Geld floß nicht mehr in die Pretiosen des Hofes, sondern in die Manufakturen und die Ausstattung der Armee, wo einheimische Monturen und Wollstoffe gebraucht wurden. Das brachte Arbeitsplätze. Der junge König sagte, „er wolle Kommerzien und Manufakturen recht etablieren und dem Land und den Bauern aufgeholfen wissen, denn wenn diese nur erstlich was hätten, so wäre er versichert, daß sie im Fall der Not ihm wieder assistieren würden." Das von der Pest fast völlig entvölkerte Ostpreußen wurde wieder aufgesiedelt und in eine wirtschaftlich gesunde Provinz verwandelt - ein besonderes Herzensanliegen des jungen Königs. Für seine Maßnahmen gab er selbst das beste Beispiel: er war fleißig und in seinen persönlichen Bedürfnissen sparsam und anspruchslos.

Mit dieser Maxime war Friedrich Wilhelm I. der modernste Fürst in Europa. Er kannte zwar noch keine Langstreckenraketen und auch keine Atom-U-Boote, aber er wußte, was Abschreckung für die Friedenserhaltung bedeutete. Diese militärische Maxime der letzten Jahrzehnte des 20. Jahrhunderts hatte dieser preußische Herrscher schon Anfang des 18. Jahrhunderts zum Staatsgesetz erhoben. Eine gut ausgebildete und kampfstarke Armee sollte die politische Unabhängigkeit Preußens gewährleisten. Sie sollte dem Staat Unversehrtheit und Handlungsfreiheit zurückgeben. Das war die Absicht, nicht der „Betrieb" des Militärischen um seiner selbst willen.

Da Preußen zu klein war, um gegenüber den Großmächten eine angemessene Truppenzahl aufstellen zu können – Frankreich hatte 1660 400.000 Mann unter Waffen –, mußte jeder Soldat so gut ausgebildet sein, daß Qualität die Quantität ausgleichen konnte. Daher unterwarf der König den einzelnen Soldaten einem Drill und einer Disziplin, die im damaligen Europa unbekannt waren und nicht nur höchste Verwunderung, sondern auch Neid bei den anderen Mächten auslösten. Mit dieser schlagkräftigen Armee, die er auf 80.000 Mann brachte, führte der König keinen Krieg, weil er den Aggressionskrieg aus Gewissensgründen und aus Verantwortung vor Gott ablehnte.

Friedrich Wilhelm war ein Reichsfürst, der Kaiser und Reich als verbindliche Norm anerkannte. „Kein Engländer und Franzose soll über uns Deutsche gebieten und meinen Kindern will ich Pistolen und Degen in die

Wiege geben, daß sie die fremden Nationen aus Deutschland helfen abhalten . . ."

Friedrich Wilhelm war als pietistischer Moralist von August Hermann Francke und dessen hallensischem Pietismus beeinflußt. Sein Bekenntnis zum schuldenfreien Wirtschaften entstammt dieser Wurzel: „Gebt nicht mehr aus als ihr einnehmt", ermahnte er seinen Nachfolger. Daß ein Kurswechsel, wie der des Jahres 1713, in der preußischen Monarchie ohne Revolution möglich war, und zwar allein aufgrund der Bindung des Fürsten und seiner Diener an das christlich-kalvinistische Ethos, das stellte eine Vertrauensbasis im preußischen Staat her, die in Verwaltung und Rechtsprechung über 200 Jahre dauerte. Dem englischen und preußischen Kalvinismus war das religiöse Motiv der Bekehrung zu einem wahrhaft christlichen Leben durch eine streng geregelte Lebensführung und Arbeitsdisziplin gemeinsam. Bekehrung und Wiedergeburt hingen hiervon ab. Doch der Engländer heiligt die Arbeit „an sich", weil sie zu Wohlstand, dem göttlichen Zeichen des persönlichen Auserwähltseins führt. Der preußische Pietist dagegen heiligt die Arbeit „für andere". Daher konnte Max Weber behaupten, daß der englische und amerikanische Puritanismus die Wurzel des Kapitalismus sei, der preußische Pietismus dagegen die Grundlage sozialer Verantwortung, des Ethos vom Dienen für das Gemeinwohl, die Wurzel des sozialen Rechtsstaates. „Ich bin der erste Diener meines Staates" sagte später Friedrich der Große. Ganz aus eigener Kraft, nur durch Anstrengung, Energie und Organisation konnte dieser Staat, der keine Ressourcen wie Kolonien oder Handelsrouten besaß, unter den Großmächten einen eigenen Rang entwickeln.

Es gehörte zum Schicksal Preußens und später Deutschlands, auf eine hochmotivierte und leistungsfähige Armee zur Selbsterhaltung des Staates inmitten hochgerüsteter Nachbarstaaten angewiesen gewesen zu sein. Der spätere englische Premierminister Lloyd George stellte am 31. Dezember 1913 in einem Zeitungsaufsatz fest: „Eine straffe deutsche Armee ist eine Lebensnotwendigkeit nicht nur für das Deutsche Reich, sondern auch für die Existenz und Unabhängigkeit der Nation, da Deutschland von zwei Seiten flankiert ist, deren jede eine fast ebenso starke Armee unterhält. Das Land wurde so oft von seinen Feinden besetzt, überrannt und zerstört, daß es sich keinen neuen ähnlichen Gefahren aussetzen darf. Wir dürfen auch nicht vergessen, daß, während wir eine Überlegenheit von 60 % über die Seestreitkräfte Deutschlands fordern, Deutschland selbst in militärischer Hinsicht nicht einmal Frankreich gegenüber eine solche Überlegenheit besitzt, und außerdem hat es auch mit Rußland zu rechnen. Deutschland aber erhebt keinen Anspruch auf einen Zwei-Mächte-Standard."
Zur Durchsetzung seiner vermeintlichen testamentarischen Ansprüche benutzte der junge König Friedrich die Armee zum Einfall in Schlesien (1740). Die Verteidigung seiner von den europäischen Mächten zweimal vertraglich anerkannten Eroberung hätte im Siebenjährigen Krieg (1756–1763) fast zur Vernichtung Preußens geführt. Die Auseinandersetzungen mit Dänemark 1864 und mit Österreich 1866, etwa 100 Jahre später, waren dagegen rationale Kriege zur Durchsetzung eines politischen Ziels, der deutschen Einheit. Es waren keine Eroberungskriege, sie stellten im klassischen Sinne von Clausewitz die Fortsetzung der Politik mit anderen Mit-

teln dar. Es traten keine Gebietsveränderungen ein, und die Verluste aller am Krieg beteiligen Länder waren mit insgesamt 14.945 Soldaten verhältnismäßig gering. Wie anders dagegen der Einsatz der militärischen Mittel durch die Seemächte Spanien, Holland und England und der beiden Land- und Seemächte USA und Frankreich. Diese Länder benutzten ihre Militärmacht als Instrument zu weitausgreifenden Eroberungen und Unterwerfung von fremden Ländern und Menschen. Im Vergleich zu diesen Ländern hat sich Preußen nur an wenigen Kriegen des 18. und 19. Jahrhunderts und noch weniger an der Welteroberung beteiligt. Die meisten Kriege wurden von Frankreich und England geführt. Trotzdem wurde und wird Preußen noch immer der Makel des blutrünstigen Militarismus angeheftet. Agitation und Demagogie als die noch heute nachwirkenden Folgen der Französischen Revolution sowie der Druck der „gemachten" öffentlichen Meinung lassen wenig Hoffnung auf die Entwicklung zu einem gerechteren Urteil. Urteile lassen sich ändern, Vorurteile nicht.

III.
ANMERKUNGEN ZUM DEUTSCHEN KAISERREICH 1871–1918

Sieg über Frankreich

„Allmächtiger, barmherziger, gnädiger Gott! Wir stehen vor Deinem heiligen Angesicht, niedergebeugt von der Fülle Deiner Gnade, mit der Du uns gesegnet hast. Wir loben und preisen Deinen heiligen Namen. Wir danken Dir, daß Du unser Volk so hoch erhöhet hast. Was unsere Väter erhofft und erstrebt, wonach sie in vielen heißen Kämpfen jahrhundertelang gerungen, das hat uns Deine große Barmherzigkeit gegeben: ein wiedergeeintes, großes deutsches Vaterland, ein Bollwerk des Friedens, ein Hort der Freiheit und des Rechts. Amen!"
Feldprobst Thielen eröffnete mit diesem Gebet im Juni 1871 die Parade der siegreichen Truppen durch das Brandenburger Tor. Soldaten aller deutschen Länder nahmen daran teil. Eine Woge der Begeisterung erfüllte die Menschen: Preußen, Bayern, Hessen, Württemberger, Badenser, Mecklenburger, Pommern und Sachsen. Die deutsche Einheit wurde von „unten" gefordert, aber von „oben" beschlossen. „Die Tränen fließen mir über die Backen. Wodurch hat man die Gnade Gottes verdient, so große Dinge erleben zu dürfen. Was der Inhalt allen Strebens gewesen, das ist nun in so herrlicher Weise erfüllt. Woher soll man noch einen Inhalt für das weitere Leben nehmen?" schrieb der Historiker Heinrich von Sybel, von 1862–1864 als Liberaler und Mitglied des Preußischen Landtags politischer Gegner Bismarcks, im gleichen Jahr an seinen Freund.

Der Kaiser

Nach 42 Jahren, ein Jahr vor dem Ausbruch des Ersten Weltkrieges (1914–1918), beging man das 25jährige Regierungsjubiläum Kaiser Wilhelms II. Historiker und Publizisten feierten das monarchisch konstitutionelle Regierungssystem Deutschlands als das gesündeste und effizienteste in Europa, und so dachte auch die übrige deutsche Bildungswelt. Fünf Jahre später war alles vorbei. In unglaublicher Schnelligkeit hatte sich der Zerstörungsprozeß vollzogen. Als der Deutsche Kaiser im Jahre 1940 kurz vor seinem Tode im holländischen Exil zum letzten Mal einem deutschen Soldaten begegnete, wurde er nicht erkannt. Der deutsche Soldat mit dem Hakenkreuz auf dem Waffenrock hatte keine Vorstellung mehr von der Person des Deutschen Kaisers. Verunglimpft von seinen ausländischen und inländischen Gegnern, verachtet von Hitler, seinem Nachfolger in der Regierung, war die Erinnerung an ihn in Deutschland ausgelöscht worden. Bei seinem Tode war der Deutsche Kaiser, nur 22 Jahre nach seiner Abdankung, zur Unperson geworden. An seinem Begräbnis war das Deutsche Reich offiziell nicht vertreten. Diejenigen Offiziere, die in Uniform an seinem Grab standen, folgten ihrem monarchischen Herzen, sie hörten nicht auf Hitlers Verbot.

Die Verleumdung von außen

Mit der Niederlage des Reiches und der Abdankung des Kaisers im November 1918 fand eine Periode ihren geschichtlichen Abschluß, die „sine ira et studio“ als historisches Thema hätte behandelt werden können. Das Kaiserreich war untergegangen, in der historischen Erörterung hätte es nicht mehr Leidenschaften zu wecken vermocht als andere geschichtliche Perioden. Daß es anders kam, liegt daran, daß die amerikanischen und englischen Sieger im Jahre 1945 das Kaiserreich zum Vorläufer von Hitler und seinen Judenmorden und damit zur Gegenwart bestimmt haben. An deutschen Politikern, Historikern, Soziologen und Journalisten, die sich an die Sieger anschmiegten und in dieses Lied einstimmten, bestand kein Mangel. Einige von ihnen, die am lautesten gesungen haben, würden zur Aufbessung ihrer wissenschaftlichen Reputation ihre Beteiligung an diesem Chor gern wieder ungeschehen machen. Andere wiederum, wie die Professoren Rohrmoser (CDU) und Sontheimer (SPD), fordern aus politischer Opportunität unverdrossen die innere Abkehr von den Zuständen des Kaiserreichs, weil die „tumben" Deutschen sonst nicht die Kraft zu ihrer Demokratisierung aufbrächten. Was die beiden allerdings unter Demokratie verstehen, bleibt offen. Von den klaren Mehrheitsverhältnissen der englischen Demokratie ist Deutschland heute weiter entfernt als je zuvor. Der deutsche Föderalismus wiederum hat keine demokratische Tradition, sondern wurzelt im Feudalismus der vergangenen Jahrhunderte. Daß unsere Ministerpräsidenten die Interessen ihrer Länder vernachlässigen, indem sie sich unter Verletzung der Verfassungsgrundsätze der Disziplin ihrer Partei unterwerfen, erschwert die Zustimmung zum „demokratischen" System deutscher Spielart.

Die Verleumdung des Kaiserreichs durch seine äußeren und inneren Gegner ist nicht neu, sie hat eine lange Geschichte. Es handelt sich um die Zeit, in der die Deutschen ob ihrer großartigen Leistungen in Wirtschaft und Verwaltung von ganz Europa beneidet worden sind. Auch Sir Crowe, der Kopf der deutschfeindlichen Clique im englischen Außenamt, räumte 1907 ein, Deutschland verkörpere jene Eigenschaft guten Bürgertums, die den Ruhm der modernen Zivilisation ausmache. Als im Jahre 1906 der Präsident der Harvard-Universität, Charles William Eliot, dem Ministerialrat im preußischen Kultusministerium Friedrich Althoff die dritte Ehrendoktorwürde dieser Universität, die einem Ausländer verliehen wurde, überreichte, betonte er, Althoff sei der Repräsentant der großen Kulturnation Deutschland. Der amerikanische Präsident Woodrow Wilson beschrieb Deutschland vor einem Kreis von Politikern und Industriellen am 12. November 1917: „Denken sie daran, welches die Stellung Deutschlands in der Welt war, eine so beneidenswerte Stellung, die je eine Nation eingenommen hat. Die ganze Welt stand in Bewunderung seiner herrlichen geistigen und materiellen Erfolge. Die Intellektuellen der ganzen Welt gingen bei ihm zur Schule. Seine Gelehrten hatten seine Industrien zu den hervorragendsten der Welt gemacht, und die Aufschrift „made in Germany“ gab die Gewähr für gute Arbeit und tadelloses Material. Deutschland hatte Zutritt zu allen Märkten der Welt, und jede andere Nation, die auf jenen Märkten Handel trieb, fürchtete Deutschland wegen seines starken und fast unwiderstehlichen Wettbewerbs. Es war nichts in der Welt des Friedens, das es nicht schon hatte, und zwar im Überfluß hatte. Wir sind stolz auf das Ungewöhnliche der amerikanischen Entwicklung. Wir denken mit Stolz an die Statistiken des Wachstums unserer Industrien und der Einwohnerzahl unserer Städte. Nun, diese

Statistiken reichten nicht an die deutschen heran; Deutschlands Städte nahmen neue Jugend an und wuchsen schneller als es amerikanische Städte jemals getan haben. Seine alten Industrien öffneten ihre Augen, erblickten eine neue Welt ..."

Furcht, Mißgunst und Neid gegenüber Deutschland hatten in England, Frankreich und Rußland vor und im Ersten Weltkrieg Leidenschaften geweckt, die in England einen unter zivilisierten Völkern bisher unbekannten psychologischen Feldzug des Hasses gegen Preußen auslösten. Propaganda und subtile Massenbeeinflussung waren stets gewichtige Bestandteile der englischen Herrschaftsausübung über ihre kolonialen Gebiete. Der britische Außenminister George Canning prahlte 1826 im Unterhaus: „Wir können überall und jederzeit die Mächte der Revolution in anderen Ländern entfesseln. Im Falle eines Krieges werden die Unzufriedenen auf unserer Seite stehen." Der Kriegsberichterstatter Theodor Fontane notierte im Jahre 1877 zu diesem Thema: „Die ganze Gattung (der Propaganda) ist uns aus England überkommen. Der englische Berichterstatter ist schlimmer als jeder andere, natürlich immer den amerikanischen ausgenommen. Der französische lügt geradeaus, der englische aber hat alle Allüren des ehrlichen Mannes und hat doch alle belogen." England ist die Mutter der Massenpresse und zugleich die Heimat der Kriegspropaganda. Das hat das deutsche Kaiserreich schmerzlich erfahren, und wir Deutschen erfahren es leider noch immer, wie uns beispielsweise ein Blick in amerikanische, englische und holländische Schulbücher lehrt.

Bismarck verwies in seiner Reichstagsrede vom 17. September 1878 auf die Gefahren, die im System der westlichen Demokratien liegen, indem er ausführte: „Ein jeder wird unter dem Zwang der Aufseher stehen. Wer werden die Aufseher sein? Das werden die Redner sein, die nicht durch Verstand oder Sachkunde, sondern durch ihre Beredsamkeit die große Masse der Stimmberechtigten für sich gewinnen. Gegen diese Demagogen wird kein Appell sein, das werden die erbarmungslosesten Tyrannen und die anderen ihre Knechte sein. Sie werden das öffentliche und private Leben bevormunden." Als Wilson kurz nach seinem Wahlsieg 1916, den er mit dem Versprechen, die Amerikaner aus dem Krieg herauszuhalten, errungen hatte, auf den Kriegspfad einschwenkte und schon 4 Wochen später den Engländern den Kriegseintritt der Amerikaner signalisieren ließ, war das nur mit einem einzigartigen Feldzug von Demagogie und Agitation möglich. Wilson besaß eine ungewöhnliche oratorische Begabung, die er rücksichtslos unter Verwendung von Lügen und Verleumdungen einsetzte, um die Amerikaner für seinen Kriegswillen zu gewinnen.

Doch nicht nur Wilson allein, sondern mit ihm die englische Presse unter Mr. Harmsworth, die unmittelbar vor und nach der Eröffnung der Feindseligkeiten „Stellung" in den USA bezogen hatte, sorgte mit ihren erfundenen Atrocity (Greuel)-Meldungen dafür, daß die Stimmung in den USA gegen Deutschland immer mehr angeheizt wurde. Harmsworth, der spätere Lord Northcliffe, verkündete schon viele Jahre vor dem Ersten Weltkrieg, er werde es nicht dulden, daß eine seiner Zeitungen auch nur einen einzigen Satz schreibe, der den Deutschen angenehm sein könnte. Die amerikanischen Propagandafilme über den mordenden und vergewaltigenden preußischen Offizier sowie über den stupiden, brutalen deutschen Soldaten sind ekelhaft und widerlich. Diese Machwerke können nur mit den ebenso abstoßenden antijüdischen Filmen von Goebbels verglichen werden. Deutschlands konstitutionelle Monarchie hatte der amerikanischen und englischen Massendemagogie, diesem geschürten Völkerhaß, nichts Gleichwertiges entgegenzusetzen. Daß die deutsche Kriegspropaganda unfähig war, die Unmoral und Unmenschlichkeit der alliierten Kriegführung auch ihrerseits zu propagandistischen Zwecken weltweit zu nutzen, wurde von englischen Historikern und Journalisten nach dem Krieg mit Stolz erwähnt. Hitler bewunderte in „Mein Kampf" die Konsequenz der alliierten Kriegspropaganda, die auf dem einfachen Rezept der „Atrocity-Charges" beruhte. Hierbei wurde unter „Atrocity" Unmenschlichkeit, Greuel, Abschlachten von Menschen, Abhacken von Kinderhänden, Vergewaltigung von Frauen durch preußische Offiziere und dergleichen mehr verstanden. An dieser Propaganda beteiligten sich selbst seriöse Historiker wie der angesehene Arnold Toynbee, der ein Spezialist dieser Art der Propaganda wurde. Das Bild von der kinderschändenden deutschen Bestie, von dem blutrünstigen Kaiser und dem preußischen Militär als den Erzfeinden der Menschheit ging um die Welt. England und Amerika herrschten über den größten Teil der Erde und besaßen 90 % der für die Nachrichtenübermittlung wichtigen Überseekabel. Entsprechend ausgedehnt war ihr propagandistisches Einflußgebiet. Die Tragik der Deutschen besteht darin, daß die von den Alliierten erfundenen Greueltaten 25 Jahre später unter den Kommandos der SS, die ebenfalls von Demagogie, Agitation und Gruppenhaß verhetzt worden waren, Realität wurden. Sieht man von dem Ausnahmefall der bestialischen Morde an den Juden durch die SS einmal ab, haben sich alle kriegsführenden Staaten im Zweiten Weltkrieg nicht an die traditionellen Regeln „zivilisierter“ Kriegführung gehalten.

Die Verleumdung von innen

Neben der alliierten Kriegspropaganda gibt es innenpolitische Ursachen für die Verdammung des Kaiserreichs. Hierzu gehört die Verurteilung durch die Sozialdemokraten. „Der Kaiser hat abgedankt. Er und seine Freunde sind verschwunden. Das Volk hat auf der ganzen Linie gesiegt“ verkündete Philipp Scheidemann am 9. November 1918 bei der Ausrufung der Republik. „Die vaterlandslosen Gesellen“ („die Arbeiter haben kein Vaterland“) oder die Umstürzler, wie man sie wegen ihrer verfassungsfeindlichen Ideologie nannte, sahen keinen Grund für die Schonung der kaiserlichen Regierung. Und doch hat Friedrich Ebert, der große sozialdemokratische Präsident der neuen Republik, die deutsche Einheit gerettet.

Verständlich, daß auch Hitler das Kaiserreich ablehnte. In seiner chaotischen Gedankenwelt hatte ein rechtlich geordnetes Staatswesen keinen Platz. Er kritisierte die judenfreundliche Borniertheit der preußischen Bürokratie und beklagte den wohlwollenden Umgang Bismarcks mit seiner jüdischen Umgebung. An den preußischen Konservativen ließ er kein gutes Haar. Es sei besser, wenn dieser Spuk der alten Monarchie in den Löchern bliebe, in die er sich 1918 verkrochen habe. Wilhelm II. und seine Zeit verfielen als wankelmütig, entschlußlos und zu judenfreundlich Hitlers Verachtung. Er mokierte sich in „Mein Kampf“ darüber, daß die Deutschen die Juden nicht als ihre eigentlichen Feinde ansähen und auf antisemitische Tiraden nur mit Erstaunen und Ablehnung reagierten.

Nach dem Zweiten Weltkrieg wiederholte sich die Verdammung des Kaiserreichs durch die Siegermächte. Preußen sollte getroffen werden, was sich im Kontrollratsgesetz Nr. 46 vom 25. Februar 1947 ausdrückte, womit der Staat Preußen, der aggressive Störenfried „from the early days“, als aufgelöst erklärt wurde. Gleichzeitig verfolgten die Alliierten mit diesem Gesetz die Absicht, die Animositäten der süddeutschen Staaten gegenüber dem Norden Deutschlands erneut nutzbar zu machen. „Divide et impera“. Mit der Diffamierung der preußischen Junker und dem, was der Welt bis heute als preußischer Militarismus dargestellt wurde, setzte sich der Haß der englischen Führungsschicht gegenüber Preußen noch einmal wirkungsvoll durch. Von Friedrich dem Großen über Bismarck und Wilhelm II. führe ein direkter Weg zu Hitler und seinen Verbrennungsöfen. Als gelehriger Schüler behauptete auch der Schweizer Theologe Karl Barth, als roter Moralapostel von der deutschen evangelischen Kirche hoch verehrt, diese geschichtliche Kontinuität, die er als „kenntnisreicher“ Kirchenmann noch bis Luther verlängerte. Informationen über den militärischen Widerstand wurden nach dem Krieg von der englischen Militärregierung unterdrückt, weil seine preußischen Wurzeln mit der antipreußischen Umerziehungspolitik nicht übereinstimmten. Die preußischen Namen der putschenden Offiziere waren nicht nur Hitler unbequem, sondern waren auch für die Engländer und Amerikaner „inconvenient to the policies of those Governments“, wie es der Historiker Michael Balfour, damals Presseoffizier der englischen Militärregierung, später ausdrückte. Den ergreifenden Abschiedsbrief des Generalobersten Erich Höpner, den er 1944 vor seinem Strangulierungstod an seine Frau geschrieben hatte, erhielt die Witwe von den Alliierten, die sich in den Besitz der Akten des Volksgerichtshofs gesetzt hatten, erst 10 Jahre später, in Kopie, nicht im Original.

Dem englischen Preußenhaß ist der Verlust der deutschen Ostgebiete zuzuschreiben. Der Vorschlag hierzu, der zunächst von Stalin abgelehnt wurde, kam aus London, wo dieser Gedanke seinen Ausgang genommen hatte, nicht aus Moskau. Damit sollte das „preußische Problem“ auch geographisch ein für allemal gelöst werden. Man wollte die Junker in ihren „Nestern“ treffen, die preußischen Stammgebiete zerstören. Das wurde erreicht. Die Verschiebung der deutschen Ostgebiete und die inhumane und völkerrechtswidrige Austreibung von 13 Millionen Menschen standen, worauf Professor Andreas Hillgruber zu Recht hingewiesen hat, nicht mit Hitler und mit seinen Judenmorden in Zusammenhang, sondern es war die Folge des alten Hasses der Alliierten auf Preußen, wobei in Amerika die um 1945 noch immer kommunistisch eingefärbte Führungsschicht einen zusätzlichen Beitrag leistete.

Die Verleumdung als Wissenschaft

Eine subtilere, sich wissenschaftlich gerierende Richtung bemächtigte sich in Fortsetzung der alliierten Umerziehungspolitik in den sechziger Jahren der Presse, des Fernsehens und der Katheder. Dem Kaiserreich rückte man marxistisch und soziologisch zu Leibe. Apriorische Glaubenssätze, nicht Tatsachen, wurden zu Kriterien für die Beurteilung subjektiv gesehener Zustände. Das bedeutet nichts anderes, als daß der subjektiven Willkür der breiteste Spielraum eingeräumt wird. Ebenso wie ehedem die Philosophie der Geschichte, so dient heute die „empirisch verzierte Spekulation“ dem soziologischen Urteil als Grundlage. Die Persönlichkeit des Autors spielt daher eine entscheidende Rolle für das Ergebnis seiner soziologischen Arbeit: seine Bildung, seine politische Gesinnung, Stärke oder Schwäche seines Charakters, letztlich auch seine Beeinflußbarkeit durch Lehrer und geistige Umgebung. Das Urteil über eine soziologische oder politische Arbeit fordert daher gebieterisch die Frage nach der Person des Autors, weniger die Frage nach ihrem Inhalt.

Marxistische Geschichtsdeuter sehen in der Niederwerfung der nationalliberalen Erhebung durch die deutschen Fürsten im Jahre 1848 eine Verletzung des von Marx postulierten „ökonomischen Bewegungsgesetzes der Gesellschaft“ und damit den Anfang einer unheilvollen Entwicklung deutscher Geschichte. Es ermangele der revolutionären bürgerlichen „Entladung“, so daß Deutschland im Gegensatz zu den westlichen Industrieländern im 19. Jahrhundert einen eigenen Weg, einen Sonderweg, beschritten habe. Diese These vom Sonderweg, im Sinne einer Zwangsläufigkeit zur Entwicklung zum Nationalsozialismus, gehört noch heute, teilweise wider besserer Einsicht, zum Dogma vieler Politologen, Journalisten und deutscher wie amerikanischer Geschichtsdeuter.

Eine ähnliche Denkrichtung verfolgen die politischen Soziologen, sie stehen den Marxisten ideologisch nicht fern. Ihr Gott ist nicht Karl Marx, sondern der amerikanische Soziologe Talcott Parsons. Sie teilen die Gesellschaften ein in primitive, intermediate und moderne Gesellschaften. Auf diesem Wege kommen sie zu ähnlichen Ergebnissen wie die Marxisten. Mit entwaffnender Unbekümmertheit behaupten sie, in Deutschland habe keine Verbürgerlichung stattgefunden und die deutsche Gesellschaft sei in tiefer feudaler Finsternis eingehüllt geblieben. Der Adel habe sich nicht verbürgerlicht, sondern die Bürger hätten sich feudalisiert. Sie entwerfen ein Schauergemälde von dem deutschen Kaiserreich, das mit der Wirklichkeit nicht die geringste Ähnlichkeit besitzt. Ebenso wie die Marxisten lehnen auch sie eine Erörterung von Tatsachen ab, offenbar deswegen, weil sie die Gefahr fürchten, daß ihr abstraktes ideologisches Gedankengebäude angesichts von Fakten einstürzen könnte.

Man reibt sich die Augen, warum wurde das deutsche Kaiserreich damals von der Welt bewundert? Es begegnet uns noch heute auf Schritt und Tritt. Unser Rechtssystem und der Schulaufbau gehen auf das Kaiserreich zurück, die wesentlichen Elemente unserer heutigen Wirtschaft und Gesellschaft sind im Kaiserreich entstanden. Hierzu gehören die charakteristische Branchenstruktur der deutschen Industrie, viele unserer Großunternehmen, die wirtschaftlichen und sozialen Interessenverbände und die Grundlagen des Sozialstaates mit seinen umfassenden sozialen Absicherungen. Auch die Mitbestimmung hat ihre Wurzeln im Kaiserreich. Am Berufsbeamtentum, eine in der Parteiendemokratie systemwidrige Institution, halten die politischen Funktionäre fest, als wenn die Lebensfähigkeit unseres heutigen feudalistischen Parteiensystems davon abhinge.

Deutsche Aggression?
Ein Vergleich mit anderen Staaten

Schauen wir die Vorwürfe gegenüber dem Kaiserreich im einzelnen an: beginnen wir mit dem Vorwurf des preußisch-deutschen Militarismus als der Ursache für alles Unglück auf der Welt. Es erfolgt hier eine Beschränkung auf das 19. Jahrhundert. Würden die letzten 200 Jahre betrachtet werden, wäre Preußen höchstens mit 20 % an den kriegerischen Auseinandersetzungen in der Welt beteiligt. Der Gründung des deutschen Kaiserreichs 1871 gingen drei Kriege voraus. Die beiden ersten Kriege waren begrenzte Auseinandersetzungen und sind nach klassischer Definition den Kabinettskriegen zuzuordnen: die Fortsetzung der Politik mit anderen Mitteln (Clausewitz). Ein brauchbarer Maßstab für die militärische Energie der in einem Krieg involvierten Länder sind Menschenverluste, Gebietsveränderungen und die entstandenen Schäden. Wie schneiden diese drei Kriege unter Anwendung dieser Maßstäbe ab?

1. Krieg Preußens und Österreichs gegen Dänemark 1864. Auf beiden Seiten insgesamt 2.000 Tote. Gebietsveränderungen traten nicht ein. Holstein, Schleswig und Lauenburg waren deutsche, nicht dänische Gebiete. Geringer Sachschaden.
2. Krieg Preußen gegen Österreich und Sachsen 1866. Gefechtstote Preußen 4.072, Gefechtstote Österreicher

(Sachsen) 8.873. Erkrankungstote Preußen 6.400, Erkrankungstote Österreicher (Sachsen) 18.900. Tote insgesamt also 38.245. Keine Gebietsveränderungen. Geringer Sachschaden. Ein von Bismarck rational provozierter (kein entfesselter), rational durchgeführter und rational beendeter Krieg.

3. Krieg Frankreich gegen Deutschland 1870/71. Ein französischer Krieg. Frankreich fühlte sich durch eine von Bismarck formulierte Depesche beleidigt und erklärte Preußen den Krieg.
   Gefechtstote Deutsche 28.278, Gefechtstote Franzosen 74.000. Erkrankungstote Deutsche 14.900, Erkrankungstote Franzosen 61.600: Tote insgesamt 178.778. Elsaß-Lothringen, das von Frankreich unter Ludwig XIV. geraubte deutsche Gebiet, wurde an Deutschland zurückgegeben; umfangreicher Sachschaden. Geldentschädigung Frankreichs an Deutschland. „Das Infragestellen der deutschen Rheingrenze hat angefangen mit der Wegnahme der drei Bistümer Metz, Toul und Verdun durch die Franzosen“ (Bismarck).

Insgesamt kosteten diese drei Kriege 219.023 Menschenleben. Davon entfallen auf das Konto Preußens 40.000 Tote.

Dagegen vernichteten Frankreichs Volkskriege von 1793 bis 1813 schätzungsweise an 4 Millionen Menschenleben. Riesige Gebiete wurden verwüstet, die Bevölkerung in Armut und Hoffnungslosigkeit gestürzt. In den weiteren europäischen Kriegen bis 1870, an denen Preußen und andere deutsche Staaten nicht beteiligt waren, verloren weitere etwa 2 Millionen Menschen ihr Leben. Eine bemerkenswerte Anzahl von Toten angesichts der Einwohnerzahl des damaligen Europas.

England:

Seit dem 18. Jahrhundert die beherrschende Weltmacht und größter Sklavenhändler der Geschichte. Bei einer eigenen Ausdehnung von rund 244.000 qkm beherrschte es über 30 Millionen qkm der Landfläche der Erde. Es regierte über mehr als 300.000 Millionen Menschen. Das Kolonialgebiet war 123 mal größer als das Mutterland. Gerechtfertigt wurde diese Machtausdehnung mit der Überlegenheit der englischen Rasse über alle anderen Völker, insbesondere der Farbigen, und der Überzeugung, zur Missionierung der Welt berufen zu sein.

Krimkrieg gegen Rußland (1854), blutige Niederwerfung eines Aufstandes in Indien (1857), Krieg gegen China und Besetzung von Peking (1860), erpreßter Kauf der Sueskanalaktien (1875), Krieg gegen Afghanistan (1877), Annexion von Zypern (1881), Krieg gegen die Buren (1881), Krieg gegen Ägypten und Annexion (1882), Besetzung von Somaliland und Nigeria (1875), Unterwerfung des Rhodesiengebietes (1890), Krieg gegen die Buren (1899), Krieg gegen China und Hegemonie in Tibet (1904), Komplizenschaft mit Rußland gegen Persien (1907), endlich Krieg und blutige Unterdrückung über Jahrzehnte in Irland. Über die Anzahl der Toten bei den kolonialen Kriegen gibt es keine verläßlichen Quellen.

Vereinigte Staaten von Amerika:

In den Ausdehnungsjahren der USA am Anfang des 19. Jahrhunderts setzten sich die Siedler, etwa 6 Millionen an der Zahl, zu 90 % aus Engländern zusammen. Heuschreckengleich fielen sie über den amerikanischen Kontinent her, töteten Männer, Frauen und Kinder der Ureinwohner, schleppten Sklaven auf ihre Farmen, vernichteten mit der Tötung von Millionen von Büffeln die Lebensgrundlage der Indianer und unterwarfen sich auf diese Weise 7,5 Millionen qkm Erde und erklärten es zu ihrem Land. Hiermit nicht zufrieden, griffen sie 1812 nach Kanada und gerieten damit erneut in eine kriegerische Auseinandersetzung mit dem englischen Mutterland. Im Diktat von Kanagawa (1859) öffneten sie sich den japanischen Markt. Gewaltpolitik der offenen Tür in China. Abtrennung Panamas von Kolumbien, Interventionspolitik des „big stick" in Südamerika. Krieg gegen Spanien, Annexion von Hawaii, Guam, Puerto Rico und der Philippinen. Erzwungene Stützpunkte auf Kuba.

Der Sezessionskrieg 1861/65 wurde gegen den Willen der Südstaaten um die Erhaltung der Konföderation geführt. Zum ersten Mal wurde die Taktik der verbrannten Erde auf einem Streifen von 100 km Breite praktiziert. Der preußische Generalfeldmarschall Helmuth von Moltke meinte damals, diese Männer seien Marodeure und keine Soldaten.

Der Krieg Preußens gegen Österreich 1866 und der Sezessionskrieg der USA waren „Einheitskriege", in beiden Kriegen ging es um die Einheit des Staates. Der Hauptunterschied bestand in der Art der Kriegführung. Die preußischen, österreichischen und sächsischen Truppen kämpften ritterlich, diszipliniert und unter äußerst möglicher Schonung der Zivilbevölkerung. Als Folge ergaben sich angesichts der Gesamtstärke der beteiligten Armeen von 900.000 Mann die verhältnismäßig geringen Verluste von nur 12.945 Gefallenen auf beiden Seiten. Demgegenüber kämpften die Truppen der amerikanischen Demokratie undiszipliniert, zügellos und mit unbeschreiblicher Rücksichtslosigkeit gegenüber der Zivilbevölkerung, indem sie in größtem Umfang Brandschatzungen und Plünderungen verübten. Mit 600.000 Toten war dieser Krieg der blutigste Einzelkrieg des 19. Jahrhunderts.

Ende des 18. Jahrhunderts bestand die Bevölkerung der USA aus etwa 4 Millionen Engländern und 1 Million Sklaven. Außerdem lebten schätzungsweise zwischen 2 und 3 Millionen Indianer in Nordamerika: Navajo, Apachen, Irokesen, Huronen, Cherokee, Choktaw-Mushogee, Siminolen, Apalachen, Sioux, Pawnee, Kiowa, Yuma, Pueblo-Indianer, Shoshonen, Uthah, Moqui und Comanchen. Bei der amtlichen Zählung 1890 wurden noch 250.000 Indianer festgestellt; unter Berücksichtigung der geburtlichen Vermehrung kann man annehmen, daß bis 1860 nur 150.000 Indianer ihrer Vernichtung durch Krieg, Hunger, Krankheit und Alkohol entgangen sind. Die Art, wie sich die englisch geborene Bevölkerung in Amerika des Indianerproblems entledigt hat, erinnert an die Behandlung der selbständigen Bauern (Kulaken) in Rußland durch Stalin, der gegenüber dieser Bevölkerungsgruppe mit Landwegnahme, Isolation und Aushungern in ähnlicher Weise vorgegangen war. Indianer waren die Abgesandten des Teufels, die vernichtet werden mußten, weil sie dem wahren Glauben und der englischen Zivilisation entgegenstanden. Puritanische Geistliche verbreiteten erfundene Schreckensbilder über Grausamkeiten und Gewohnheiten der Indianer, die ihre Ausraubung und Vernichtung rechtfertigen sollten. Die gesamte sogenannte Westernliteratur folgte diesem Muster. Die Indianer als minderwertige Barbaren darzustellen, diente nur dem Zweck, die Hemmung abzubauen, sie zu töten. Für jeden getöteten Indianer erhielten die weißen Siedler eine Kopfprämie, wenn sie die abgezogene Kopfhaut des Opfers als Beweis vorweisen konnten. Das Skalpieren war keine Gewohnheit der Indianer, sondern eine Idee der englischen Siedler. Die Kriege gegen die Indianer, die mit dem Massaker an den Sioux in Wounded Knee ihren Höhepunkt erreichten, waren eine einzige Geschichte von Verbrechen und Betrug, es war die Ausrottung von ganzen Indianerstämmen und ihrer Kultur. Die Überzeugung rassischer, moralischer und religiöser Überlegenheit, gepaart mit unbegrenztem Großmachtstreben, war die teuflische Grundlage für die amerikanischen Verbrechen an den Indianern.

Die Anzahl der Negersklaven war bis zum Jahr 1860 auf rund 4 Millionen angestiegen. In den Jahren von 1790 bis 1820 wurden zusätzlich zu der bereits vorhandenen 1 Million Sklaven weitere etwa 900.000 Neger als Sklaven von englischen Handelsgesellschaften angekauft. 1815 wurde der Sklavenhandel zwar offiziell verboten, doch inoffiziell fortgesetzt, gleichzeitig förderte man die geburtliche Vermehrung der Sklaven. Für England war der Sklavenhandel während des 18. Jahrhunderts „the central object of british policy“. Es wird geschätzt, daß in diesem Zeitraum etwa 12 Millionen Sklaven gehandelt wurden. Auf jeden lebend an Land gebrachten Sklaven verendete mindestens einer beim Ergreifen, auf dem Transport oder beim Handel. Allein unter der Präsidentschaft von Thomas Jefferson (1801-1809), der selbst Sklaven beschäftigte und ein von den Amerikanern noch heute besonders verehrter Präsident ist, verloren etwa 400.000 Neger, die als Sklaven vorgesehen waren, ihr Leben. Neben den als „Disturbances“ bezeichneten kleineren Scharmützeln sind im 19. Jahrhundert 41 bewaffnete Auseinandersetzungen in den USA als Kriege anerkannt. Hierin sind der Sezessionskrieg sowie die von Amerika provozierten Kriege gegen Mexiko, Spanien, England, China und Japan mit den Annexionen von Texas, Florida und Kalifornien eingeschlossen.

Frankreich:
Gemeinsam mit England Krimkrieg gegen Rußland (1854), Krieg gegen Österreich mit Annexion von Savoyen (1859), Kriegseinmischung in den USA (1861), Besetzung des Mekonggebietes (1862), Krieg gegen Preußen (1870), Bürgerkrieg in Paris (1871), Besetzung von Tunis (1881), Krieg gegen China und Besetzung von Tongking (1883), Krieg gegen Sudan (1885), Geheimvertrag mit England und Italien über die Aufteilung Marokkos und Tripolis (1902).
Mit einer Bevölkerung von 39 Millionen herrschte Frankreich über 45 Millionen anderer Menschen. Die Größe des Mutterlandes betrug 547.000 qkm, die des Kolonialgebietes rund 8 Millionen qkm. Das Kolonialgebiet war rund 15 mal größer als das Mutterland.

Rußland:
Krieg gegen China mit Besetzung der Amurprovinz (1858), Krieg gegen Kasachstan und Annexion des Landes (1854), Krieg gegen China und Besetzung der Küstenprovinz am Pazifik (1864), Krieg gegen Turkmenien und Annexion des Landes (1873), Niederschlagung des polnischen Aufstandes und Verschleppung von 30.000 Polen nach Sibirien, Russifizierung Polens durch Einführung der russischen Sprache, russischer Panslavismus als Mittel zur weiteren Ausdehnung über den Balkan, Vorstoß zur afghanischen Grenze, Einmischung in Bulgarien,

Russifizierung von Livland, Estland und Lettland. Erneut Bedrohung Chinas und Erzwingung von Durchfahrtsrechten durch die Mandschurei. Besetzung Port Arthurs (1898), Konflikt mit Finnland, Krieg gegen Japan (1905), Komplizenschaft mit England zur Aufteilung von Persien (1905). Geheimabkommen mit Japan zu Lasten Chinas (1912), Offensivbündnis mit Frankreich gegen Deutschland (1892).
Rußland beherrschte 1913 mit einer Bevölkerung von 142 Millionen Menschen ein Land von 21,2 Millionen qkm und war damit etwa 40 mal größer als das deutsche Reich.

Halten wir fest:
Sklavenhandel und Sklavenhaltung, Erpressung anderer Staaten, Ausrottung der Ureinwohner, Eroberung unbeteiligter Gebiete, Ausbeutung Indiens, Beherrschung fremder Menschen, Despotie, Zwangslager und Unterdrückung der Bevölkerung durch zaristische Geheimpolizei bildeten im 18. und 19. Jahrhundert den historischen Hintergrund derjenigen Länder, die sich gegen Deutschland verbündeten und diesem Land vorwarfen und heute noch vorwerfen, der aggressive Störenfried in der Welt gewesen zu sein. England und Amerika, obwohl in ihrer verfassungsmäßigen Organisation und staatlichen Entwicklung untereinander völlig verschieden, sind nach dem Urteil vieler deutscher Historiker der Maßstab für die normale Entwicklung eines Staates zur Demokratisierung, Modernisierung und Industrialisierung im 19. und 20. Jahrhundert.

Deutschland in der Entstehung

Nachdem die napoleonischen Kriege den endgültigen Zusammenbruch des alten Deutschen Reichs herbeigeführt hatten, zerfiel Deutschland in 38 Zollsysteme und 35 Einzelstaaten. Sie behielten im Deutschen Bund, der 1815 auf dem Wiener Kongress neu vereinbart worden war, ihre staatliche Selbständigkeit. Das behinderte die politische und wirtschaftliche Entwicklung in Deutschland. Erst mit dem von dem Schwaben Friedrich List angeregten und von der preußischen Bürokratie 1834 durchgesetzten Zollverein, an dem sich viele deutsche Kleinstaaten beteiligten, erwachte das Bewußtsein zu einem geeinten Deutschland. Nach den preußischen Kriegen gegen Dänemark (1864), Österreich (1866) und Frankreich (1870) erwuchs das Deutsche Reich wieder zu einem lebenskräftigen Ganzen. Preußen hatte 1866 im Frieden von Prag (23. August 1866) das Königreich Hannover, das Kurfürstentum Hessen, das Herzogtum Nassau, Frankfurt am Main und die Herzogtümer Schleswig und Holstein sowie Hessen/Homburg in seinen Staatsverband eingegliedert. Diese Staaten waren daher Bestandteil des Königreichs Preußen, als sich unter preußischer Führung 22 deutsche Staaten in den Verträgen vom 18./21. August und 3./26. September 1866 zum Norddeutschen Bund zusammenschlossen. Es waren:

- die beiden Königreiche Preußen und Sachsen,
- die vier Großherzogtümer Mecklenburg-Schwerin, Sachsen-Weimar, Oldenburg, Mecklenburg-Strelitz,
- die fünf Herzogtümer Braunschweig, Sachsen-Meiningen, Sachen-Altenburg, Sachsen-Coburg-Gotha und Anhalt,

– außerdem die sieben Fürstentümer Schwarzburg-Rudolstadt, Schwarzburg-Sondershausen, Waldeck-Reuss (ältere und jüngere Linie), Lippe und Schaumburg-Lippe sowie die freien Hansestädte Bremen, Hamburg und Lübeck.

Nach dem siegreichen Krieg gegen Frankreich traten in den Einigungsverhandlungen im Herbst und Winter 1870, die mit der Kaiserproklamation am 18. Januar 1871 in Versailles ihren „krönenden“ Abschluß fanden, die von Napoleons Gnaden entstandenen süddeutschen Königreiche Bayern und Württemberg sowie die beiden Großherzogtümer Baden und Hessen dem Norddeutschen Bund bei. So entstand der deutsche Bundesstaat, der in geschichtlicher Erinnerung und als emotional einigendes Band den Namen „Deutsches Reich“ erhielt. Die Bundesgewalt (Reichsgewalt) wurde von der Gesamtheit der zum Reiche vereinigten Landesregierungen ausgeübt. Die Reichsgesetze erforderten übereinstimmende Mehrheitsbeschlüsse des Bundesrats und des Reichstags. Alle Abgeordneten des Reichstags waren Vertreter des gesamten Volkes, nicht nur der Interessen ihres Wahlkreises, und an Aufträge und Instruktionen der Wähler nicht gebunden (Artikel 22 Reichsverfassung). Sie waren auch nicht gebunden an Fraktionszwang oder Parteidisziplin. Das Idealbild war der freie eigenverantwortliche Abgeordnete. Alle Anordnungen und Verfügungen des Kaisers bedurften nach Artikel 17 der Reichsverfassung der Gegenzeichnung des Reichskanzlers. An diese einschränkende Verfassungsbestimmung hat sich der Kaiser stets gehalten. Im Vergleich hierzu verfügt der amerikanische Präsident über ungleich größere und unabhängigere Machtbefugnisse.

Das neue Deutsche Reich nahm alle dynastischen, partikularen, politischen, religiösen und sozialen Gegensätze, wie sie sich in der deutschen Geschichte in wechselnder Stärke ausgebildet hatten, in sich auf und stand zur gleichen Zeit unausweichlich den Entwicklungen zur Modernität in Form von Industrialisierung und Demokratisierung gegenüber. Auch das außenpolitische Erbe seiner stets gefährdeten Mittellage in Europa mit Frankreich, Rußland und dem soeben aus dem Deutschen Bund „herausgeschossenen“ Österreich an seinen Grenzen mußte das Reich übernehmen. Trotz dieser inneren und äußeren Spannungen betrat ein vitaler, gesunder und doch auch zerbrechlicher Staat die Weltbühne. Er brauchte zu seiner Entwicklung Ruhe und Geduld, um seine vielfältigen „Veranlagungen und Begabungen“ entwickeln zu können. Bismarck hatte dem von ihm geschaffenen Norddeutschen Bund, der im Deutschen Reich aufgegangen war, eine Wirtschafts- und Sozialverfassung sowie eine Rechtsordnung und Verwaltungsstruktur gegeben, die in ihrer Modernität und Effektivität in der Welt einmalig war. Er ist hierbei von Rudolf von Delbrück, dem Präsidenten des neugegründeten Bundeskanzleramtes, entscheidend unterstützt worden. Neben der exzellenten preußischen Verwaltung gehörte der Reichstag zum wichtigsten Geburtstagsgeschenk des geeinten Deutschland. Alle Reichsgesetze waren an seine Zustimmung gebunden, ihm gebührte auch das Haushaltsrecht, eine der fundamentalen Forderungen aller demokratischen Bewegungen. Er setzte sich aus 397 Mitgliedern zusammen, die in direkter und geheimer Abstimmung bei allgemeinem und gleichem Wahlrecht von den männlichen Deutschen vom 25. Lebensjahr an

gewählt wurden. Es war das modernste Wahlrecht in Europa.
Mit und durch den Reichstag entwickelte sich das innere Zusammenwachsen der Deutschen, die allmähliche Parlamentarisierung des Reiches, das Zurückdrängen der partikularen und zentrifugalen Kräfte, die die Leistungsfähigkeit des gesamten Staates immer wieder behinderten. Auch die langsam, aber stetig wachsende Integration der industriellen Arbeiter erfolgte im Rahmen des Reichstags. Solange allerdings die im Reichstag vertretenen Parteien nicht genügend Eigengewicht und gouvernementale Fähigkeiten sowie den Willen zur Gesamtverantwortung mit der dazu notwendigen Kompromißbereitschaft entwickelt hatten, ruhte das staatliche Leben auf dem stabilisierenden Element der Verwaltung des Hegemonialstaates Preußen. Diese Verwaltung übernahm die verantwortliche Steuerung des Reiches. Bismarcks Verfassung sah auf der einen Seite eine freie, liberale und dem „laissez faire" verpflichtete Wirtschaftsordnung vor, auf der anderen Seite jedoch eine disziplinierte und effektive Verwaltung, also einen starken Staat. Man würde heute von idealen staatlichen Rahmenbedingungen sprechen. Der preußischen Verwaltung ist es zu danken, daß die inneren Spannungen des Reiches kanalisiert blieben und sich nicht auf die allgemeine wirtschaftliche und politische Entwicklung behindernd ausgewirkt haben. Effizienz und Unbestechlichkeit der Verwaltung waren sprichwörtlich.
Zwischen dem Tag, an dem August Bebel im Jahre 1871 im Reichstag unter Berufung auf die Aufstände der Pariser Kommunen mit sozialer Revolution drohte, und der konstruktiven Mitwirkung der Sozialdemokraten an der

Gesetzgebung unter Bernstein und Ebert wenige Jahre vor dem Kriege liegt die Entwicklung des Deutschen Reichs zur Parlamentarisierung. Nur der Ausbruch des Weltkrieges 1914 hat diese friedlich verlaufende Entwicklung unterbrochen. 42 Jahre waren eine zu kurze Zeit, um das Reich innerlich vollständig zu einigen und regierungsfähige Abgeordnete bei den Parteien hervorzubringen. Erst in der Weimarer Republik hatten die Parteien zum ersten Mal die Gelegenheit zum Regieren: diese Nagelprobe haben sie nicht bestanden. Sie erwiesen sich als unfähig, eine Verfassung zu verabschieden, die unter entsprechenden Mehrheitsverhältnissen eine stabile Regierung ermöglichte. Noch bedeutender jedoch für das traurige Ende der „Weimarer Zeit" waren die innere Zerrissenheit der Sozialdemokraten und die mangelnde Kompromißbereitschaft ihres linken Flügels. Die Sozialdemokraten versagten in der Bewährung, immerhin waren sie diejenigen, die das kaiserliche Deutschland hauptsächlich kritisiert haben.

Deutschland in der Entwicklung

Als Ziel einer modernen Volkswirtschaft gelten heute:
- Vollbeschäftigung
- Preisstabilität
- außenwirtschaftliches Gleichgewicht
- quantitative oder qualitative Zunahme des Sozialprodukts (Wachstum).

Diese Ziele hat das Kaiserreich aus eigener Kraft erreicht. Hierbei stand an erster Stelle das Thema der Bevölkerungszunahme und als Folge der Industrialisierung die Zerstörung überkommener Lebensformen der agrarisch geprägten Großfamilie, der Nachbarschaft und der überschaubaren Gemeinde. Die verstädterten Menschen litten unter dem Verlust der Nestwärme, die sie in den kleinen Gemeinden erfahren hatten. Das machte sie anfällig für Agitation und politische Beeinflussung. Außerdem hatten die beträchtlichen Geburtenüberschüsse zu einer Verjüngung der Bevölkerung geführt, wie wir sie uns heute nicht mehr vorstellen können. Fast 50 % der Bevölkerung hatte noch nicht das 20. Lebensjahr überschritten. Heute hat sich dieser Anteil halbiert.

Nicht die „soziale Starrheit des Machtgefüges" war das Zentralproblem des Reiches, wie es der Historiker Michael Stürmer formulierte, sondern die Sicherung der elementaren Lebensbedingungen der arbeitenden Menschen. Wir würden heute sagen, die Schaffung von Arbeitsplätzen. Reichskanzler von Caprivi umriß in seiner Reichstagsrede vom 10.12.1891 das Problem mit folgenden Worten: „Handel und Industrie bleiben die wichtigsten Quellen des Wohlstandes und damit politischer Macht. ... Mit der Industrie hängt der Arbeiterstand zusammen; wir würden unsere Pflicht vernachlässigen, wenn wir den Arbeiterstand nicht leistungsfähig erhalten. ... Wir müssen exportieren: entweder wir exportieren Maschinen oder wir exportieren Menschen. Mit dieser steigenden Bevölkerung sind wir ohne eine gleichmäßig zunehmende Industrie nicht in der Lage, weiter zu leben. ... Wir wollen daher unseren Arbeitern entgegenkommen, indem wir ihnen Erwerbsmöglichkeiten geben." Setzen wir in diese Rede unser heutiges Politvokabular ein, erhalten wir ein modernes Referat über Wachstum, Lebensstandard, Arbeitsbeschaffung, Ausbildungsförderung und Jugendarbeitslosigkeit.

Im Durchschnitt der 40 Jahre vor Ausbruch des Ersten Weltkrieges kamen jährlich 380.000 junge Arbeitsuchende hinzu. Hiervon konnte die Landwirtschaft, deren Anteil am gesamten Sozialprodukt zurückging, nur höchstens 10 % aufnehmen, der Rest mußte in der Industrie und in den anderen Wirtschaftszweigen untergebracht werden.

Erwerbspersonen	1881	18.957.000
	1913	31.083.000.

Von einigen Ausnahmejahren abgesehen, lag die Arbeitslosenquote im Kaiserreich trotzdem im Durchschnitt nur bei knapp über einem Prozent. So schreibt die Deutsche Bundesbank in ihrer Jubiläumsschrift „1876–1975“: „Die jährliche Arbeitslosigkeit überstieg zwischen 1895 und 1913 lediglich in den Jahren 1901 und 1902 die Grenze von 3 % und sank in den übrigen Jahren auf etwa 1 % ab. Auf alle Erwerbspersonen umgerechnet waren im schlechtesten Jahr nur 1,5 % arbeitslos. Anders als in den schon von erheblich höherer Arbeitslosigkeit betroffenen Ländern England und Frankreich wurde Arbeitslosigkeit in Deutschland daher noch nicht als wirtschafts- und sozialpolitisches Problem angesehen.“
Ebenso war Inflation, die Entwertung der Ersparnisse durch den Staat, im Kaiserreich kein ernsthaftes Thema. Es gab zwar eine geringfügige Preissteigerung, aber von 1872 (Preisindex 86,6) bis zum Jahre 1913 (Preisindex 100) betrug die jährliche „Inflationsrate“ nur 0,368 %. Eine volkswirtschaftlich zu vernachlässigende Größe. Das hing zum einen mit der disziplinierenden Wirkung der Goldwährung, trotz ihrer Schwächen, und mit der Zurückhaltung der Regierung gegenüber einer zügellosen Verschuldungspolitik zusammen. Mit

20,4 Milliarden betrug die gesamte Staatsverschuldung nur 39 % des Volkseinkommens gegenüber 50 % des Volkseinkommens im heutigen Deutschland. Die Steuerlast im Kaiserreich machte bei den höheren Einkommen aus Einkommensteuer, Vermögensabgabe und anderen direkten Steuern nur zwischen 6 und 10 % aus. Die Staatsquote betrug insgesamt 14 %, während sie heute bei 50 % mit steigender Tendenz liegt. Niedrige Steuern und verhältnismäßig niedrige Verschuldung zeichneten die öffentlichen Haushalte aller deutschen Länder und des Reichs aus. Trotzdem wurden die Schulden schon damals als zu hoch empfunden, so daß es in der Reichsfinanzreform von 1909 darum ging, die Schulden durch geringfügigere Erhöhung der Steuern und sparsamere Verwaltung wieder zurückzuführen. Bei einer geringen Steuermehrbelastung wäre es zu der damaligen Verschuldung erst gar nicht gekommen. Man diskutierte im Reichstag ernsthaft nicht nur über Neuverschuldung, sondern auch über die Reduzierung der vorhandenen Schulden. Die heutige Verschuldung der Bundesrepublik stellt sich politisch und volkswirtschaftlich im Vergleich zum Kaiserreich deshalb so negativ dar, weil die Steuerpflichtigen gegenwärtig mit Steuern (Höchstbelastung 56 %) belastet sind, die um ein Mehrfaches höher liegen als die Steuern im Kaiserreich.

Ein Weiteres kommt hinzu: die Höhe der finanziellen Verpflichtungen des Staates und der deutschen Wirtschaft gegenüber dem Ausland war äußerst gering. Schulden und Forderungen ergaben sich nur aus dem gewöhnlichen Handelsaustausch, nicht aus der Notwendigkeit zur Finanzierung von Industrieinvestitionen oder Infrastrukturmaßnahmen. Deutschland hat seinen wirtschaftlichen Aufschwung, seinen herausragenden industriellen Erfolg mit eiserner Sparsamkeit, mit Fleiß und Anstrengung selbst „finanziert". Die Vereinigten Staaten dagegen waren schon vor dem Ersten Weltkrieg im Ausland hoch verschuldet, ihr Wirtschaftsaufschwung wurde größtenteils vom Ausland und mit Hilfe der im Lande vorhandenen Bodenschätze finanziert. Die USA waren neben Rußland – international gesehen – das größte Schuldnerland und wurden 1918 nach dem Krieg zum größten Gläubigerland.

Interessant in diesem Zusammenhang ist auch die Bewunderung des asiatischen Wirtschaftsaufschwungs in den Jahren 1960 bis 1997. Anfang des Jahres 1998 erfuhr diese Bewunderung einen erheblichen Dämpfer, als bekannt wurde, daß sich die Asiaten hemmungslos mit über 500 Milliarden Dollar ihre Investitionen und ihr Korruptionskapital von ausländischen Banken hatten finanzieren lassen, was im übrigen auch Zweifel an der Kompetenz der international tätigen Banken weckt. Die sich aus dieser ungedeckten Verschuldung zwangsläufig ergebende Liquiditätskrise, in deren Folge zahlreiche Industrieunternehmen und Finanzinstitute zusammengebrochen sind, löste ausgedehnte internationale Finanzturbulenzen aus. Betrachtet man das Deutsche Kaiserreich auch unter dem Gesichtspunkt, in welch geringem Umfang ausländische Finanzmittel beansprucht wurden, dann kann man diesem Staat auch in dieser Hinsicht Bewunderung und Anerkennung nicht versagen. Solidität, wohin man schaute, nicht nur in den Produkten „made in Germany".

Das Realeinkommen stieg in der Zeit von 1900 bis 1912 um durchschnittlich 1,25 % jährlich.

Die Einrichtung von jährlich 380.000 neuen Arbeitsplätzen erforderte beträchtliche Investitionen. Ihre solide Finanzierung setzte allgemeinen Konsumverzicht voraus. Das gilt auch heute noch. Daher dürfen Produktivitätszuwächse nicht in vollem Umfang in den Löhnen weitergegeben werden. Dieser Grundsatz wird von ideologisierenden Historikern gern verdrängt, obwohl in dieser Beziehung zwischen allen Schulen der Volkswirtschaftslehre Einigkeit besteht. Wenn dieses Thema trotzdem umgangen oder nur mit der sich selbst disqualifizierenden Behauptung behandelt wird, die Einkommensverteilung im Kaiserreich sei von Jahr zu Jahr ungerechter geworden, der Wohlstand sei ausschließlich den Reichen zugewachsen, dann hat das keine realen, sondern nur ideologische Gründe. In seiner „problemorientierten" Geschichte des Kaiserreichs, die in hoher Auflage an den deutschen Schulen verbreitet wurde, spricht Hans Ulrich Wehler von nicht gelöster „Distributionskrise", und er wiederholt gleichzeitig das Dogma von Karl Marx, die Armen wurden ärmer, die Reichen wurden reicher. Doch wir wissen, daß die Spreizung der Einkommen als Zeichen für eine dynamische und wachsende Volkswirtschaft nicht zu vermeiden ist, weil das Investitionskapital in der Regel dorthin geht, wo es den meisten Nutzen verspricht. Gleichwohl ist der Anteil derjenigen, die einen jährlichen Verdienst (ohne Nebenverdienste und ohne Einkommen der Ehefrau) von nur 1.000,– Goldmark hatten, von 75 % im Jahre 1896 auf 50 % im Jahre 1913 gefallen, während der Anteil der mittleren Einkommen, nämlich von 1.000,– GM bis 3.000,– GM, im gleichen Zeitraum von 22 % auf 43 % gestiegen ist. Unter Berücksichtigung des Bevölkerungswachstums gehörten also 1913 schon mehr als 28 Millionen Menschen zum mittleren Einkommenssegment.

Es ist nicht erkennbar, wie Wehler seine Distributionskrise hat lösen wollen. Alle Einkommen über 20.000,- GM jährlich auf 15 Millionen Einkommensbezieher im unteren Bereich umlegen zu wollen, hätte für den Einzelnen vielleicht eine Einkommenssteigerung von 100,- GM jährlich bedeutet, was sicherlich für die einzelne Familie nicht unbeträchtlich gewesen wäre. Aber abgesehen von der wirtschaftlichen Unsinnigkeit, die in dieser Überlegung steckt, hätte dieser Versuch zur Lösung der Wehlerschen Distributionskrise zu einem gefährlichen Investitionsrückgang geführt, mit der Folge einer gigantischen Arbeitslosigkeit.

Doch nicht nur die rational richtige Mittelverwendung führte zur Schaffung neuer Arbeitsplätze, sondern auch die Tatsache, daß die Deutschen ihre Ersparnisse im Gegensatz zu Franzosen und Engländern zum überwiegenden Teil im Inland anlegten. Es gab eine hohe Sparquote, die dem deutschen Kapitalmarkt zugute kam und damit die Investitionen im Reich belebte. Fachleute und Politiker in England und Frankreich haben schon vor dem Ersten Weltkrieg darauf hingewiesen, daß sich hierin die Überlegenheit der unternehmerischen Aktivität und der technischen Leistungsfähigkeit Deutschlands zeige, wo hingegen in ihren Ländern die Rentnermentalität vorherrsche und die Anlage in in- und ausländischen Staatspapieren sowie Infrastrukturanlagen vorgezogen würden.

Investitionen allein und der Wille dazu reichen zu einer erfolgreichen Industrialisierung natürlich nicht aus, was heute niemand besser versteht als die reichen afrikanischen und arabischen Ölländer, die über unermeßliche Einnahmen verfügen, aber trotzdem bisher keinen großen Erfolg bei ihrer Industrialisierung vorweisen können. Es fehlt dort eine arbeitswillige und ausgebildete Bevölkerung. Eine solche Bevölkerung wächst nicht wie die Blumen auf der Wiese, sondern sie muß herangebildet werden. Heranbildung heißt Wissensvermittlung und Erziehung. Wirtschaftlicher Erfolg und damit die Hebung der Lebensbedingungen der Menschen haben eben nicht nur moderne Technik und ausreichende Investitionsmittel zur Voraussetzung, sondern auch das Zusammenspiel vieler politischer und geistiger Kräfte. Es sind die staatlichen Rahmenbedingungen, wie sie in moderner Polit-Sprache genannt werden. Wirtschaftshistoriker rätseln noch immer, worauf die beispiellose Entwicklung des deutschen Kaiserreichs zurückzuführen ist, nachdem vorher in England und in gewissem Umfang auch in Frankreich ein technischer Vorsprung bestanden hatte, den viele als uneinholbar einschätzten. Als Gründe werden häufig Erscheinungen genannt, die in Deutschland nicht Ursache, sondern Ergebnis waren, wie Eisenbahnbau, ausreichendes Investitionskapital oder auch Innovationen. Die eigentliche Ursache für den Erfolg waren zunächst die Wirtschaftssubjekte selbst, also die Menschen, die sowohl die staatlichen wie auch die wirtschaftlichen Voraussetzungen geschaffen haben, unter denen sich die deutsche Wirtschaft unter der Führerschaft Preußens zu ihrem einmaligen Erfolg hat aufschwingen können.

Das Zusammenspiel der Kräfte

Ohne Anspruch auf Vollständigkeit wollen wir uns die wesentlichen Voraussetzungen für dieses politische, staatliche und wirtschaftliche Zusammenspiel im Kaiserreich, das diesen erstaunlichen Erfolg ausgelöst hat, veranschaulichen:

1. Mit der Verfassung des Norddeutschen Bundes, die im Jahre 1871 vom Kaiserreich übernommen wurde, hatte Bismarck ein Gleichgewicht zwischen den divergierenden Kräften des Bundesstaates hergestellt: es waren die politischen Parteien, die Regierungen der kleineren und mittleren deutschen Staaten, die Hohenzollernkrone, die Legislative und die Exekutive. Eine klassische Anwendung der Lehre von der Gewaltentrennung nach Montesquieu. Rechtsstaatlichkeit wird auch zum Ende des 20. Jahrhunderts immer noch mit der Einhaltung der Gewaltentrennung verbunden. Die zentrifugalen Kräfte wurden mit der Verfassung gebändigt. Der Reichstag war gemeinsam mit dem Bundesrat für die Gesetzgebung im materiellen Sinne und für die Haushaltskontrolle zuständig. Nicht zuständig war er dagegen für Personalentscheidungen in der Regierung. Wenn der Reichskanzler auch politisch nicht dem Parlament, sondern dem Kaiser gegenüber verantwortlich war, so regierte trotzdem in der Verfassungswirklichkeit kein deutscher Reichskanzler gegen die Mehrheit des Reichstages. Es war selbst für Bismarck nicht immer leicht, im Parlament eine Mehrheit für seine Politik zu finden. Der fortschreitende Einfluß der politisch eigenständiger werdenden Gruppen im Reichstag wurde ganz besonders deutlich

in den letzten Jahren vor Ausbruch des Weltkrieges. Durch die strikte Trennung der Zuständigkeiten von Parlament und Regierung konnten Staat und Verwaltung nicht Beute von Parteien werden. Die Regierung war nicht Selbstzweck, sie diente nicht als Pfründe der Parteien, sondern betrachtete sich als erste Dienerin des Staates. Das Credo der Beamten, über den Parteien zu stehen, war keine Vorspiegelung, war kein Blendwerk, sondern das war die gelebte Ethik der Verwaltung. Für sie galt Gesetzestreue, Loyalität und eine im heutigen Parteienstaat höchst unerwünschte Entscheidungsfreiheit der Beamten. Ein preußischer Regierungsrat war ein „König". Das auch in der preußischen Armee geltende Auftragsprinzip, das die großen militärischen Erfolge ermöglicht hatte, war auch die Grundlage der Verwaltung. Der Beamte durfte sozusagen „vor Ort" im pflichtgemäßen Ermessen entscheiden. Hierzu waren fachliche Qualifikation und Entscheidungskompetenz der Beamten unerläßlich. Schon unter Friedrich Wilhelm I. (1713–1740) war die Beamtenkarriere an fachliche Kenntnisse gebunden, die durch eine Prüfung nachzuweisen waren. Das galt auch für Kandidaten aus dem Adel. Der Begriff des gebundenen und freien Ermessens, nach dem der Beamte zu handeln hatte, spielte in der preußischen Verwaltungsgeschichte eine große Rolle. Die ständige Suche nach der „politischen Entscheidung", wie sie heute die Regel und nicht mehr die Ausnahme darstellt, also nach Verantwortung der Parteien, hätte die Entwicklung im deutschen Kaiserreich nicht nur unangemessen behindert, sondern diesen einmaligen Aufschwung sogar verhindert.

Friedrich von Hayek, Nobelpreisträger und ehemaliger Sozialist, kritisierte den heute bestehenden Zustand folgendermaßen: „. . . Durch Jahrhunderte waren alle Bemühungen darauf gerichtet, die Macht der Regierung zu beschränken. Auf einmal glaubte man aber, daß die Beaufsichtigung der Regierung durch die Parteien alle anderen Beschränkungen der Regierungsgewalt unnötig mache. So entstand die unkontrollierte Demokratie. Mehrheitsentscheidungen über Fragen, die ihrer Natur nach Regierungsmaßnahmen und keine Parlamentsbeschlüsse erfordern, werden einer vorübergehenden Parlamentsmehrheit überantwortet. Die Wurzel aller Übel ist, daß die Parteien eine unbeschränkte Regierungsgewalt ausüben. Das alte Ideal des Rechtsstaats ‚the rule of law', die Regierung unter dem Gesetz, war damit zerstört."
Ein anderer bedeutender Sozialhistoriker, nämlich Bertrand Russell, schrieb dazu: „Eine tüchtige ehrliche Bürokratie, ohne deren Hilfe sich die deutsche Wirtschaft nicht zu dem hätte entwickeln können, was sie wurde". Wenn die Reallöhne der privaten Angestellten und Arbeiter stiegen, wurden im schwierigen Wirtschaftsjahr 1909 die Beamtengehälter nur bei den unteren, nicht bei den mittleren und höheren Beamten angehoben. Die oberen Beamten mußten Einkommensminderungen im Interesse der Allgemeinheit hinnehmen, und sie haben es hingenommen, ohne Streik und ohne „Dienst nach Vorschrift" oder wie die anderen Pressionsmittel der Beamtenschaft heute heißen mögen.

2. Es bestand ein liberales Wirtschaftssystem, bei dem sich der Staat nur wenig eingemischt hat, es sei denn,

wie bei den Arbeitskämpfen im Rheinland, zugunsten der Arbeiter. Bei einer Bevölkerung von 67 Millionen gab es 1913 im Reich und in allen deutschen Ländern in der hoheitlichen Verwaltung nur 350.000 bis 450.000 Beamte. Deutschland kommt heute trotz moderner Datenverarbeitungsanlagen nicht einmal mit dem Zehnfachen der öffentlich Vollzeitbeschäftigten aus. Die Gehälter der Beamten waren niedrig, trotzdem verlangte der Staat hohe Leistung, die er auch erhielt.

3. Das deutsche Kaiserreich besaß das leistungsfähigste Schul- und Ausbildungswesen. Trotz der großen Zahl Jugendlicher gab es im Gegensatz zu England, Frankreich und den USA so gut wie keine Analphabeten. Volksschule, Mittelschule, Gymnasium, Realgymnasium, Oberrealschule, Fachschule und Universität nahmen nicht nur in Europa, sondern in der Welt eine Spitzenstellung ein. Es war dieses mehrstufige Ausbildungssystem vom Facharbeiter über den Gesellen, Meister und Ingenieur bis zum Universitätsabsolventen, das die Bewunderung des Auslandes auslöste und für den großen wissenschaftlichen und wirtschaftlichen Erfolg Deutschlands verantwortlich war. Wer damals naturwissenschaftlich arbeiten wollte, mußte die deutsche Sprache beherrschen. 80 % der naturwissenschaftlichen Literatur wurden weltweit bis in die dreißiger Jahre in deutscher Sprache verfaßt. Wissenschaftler mit hohen Ansprüchen an sich selbst mußten daher die deutsche Sprache beherrschen. Tausende von amerikanischen Studenten wurden in Deutschland ausgebildet und haben hier das wissenschaftliche Arbeiten gelernt.

Mit der „Kaiser-Wilhelm-Gesellschaft“ (Max-Planck-Gesellschaft) schuf sich Deutschland eine Forschungseinrichtung von Weltbedeutung, die zu dem gewaltigen Aufstieg der deutschen Wissenschaft und Technik einen wichtigen Beitrag leistete. Unbestritten war Deutschland das führende Land der Wissenschaft (Professor Dr. David Nachmansohn, New York).
Das amerikanische Universitätssystem folgte dem deutschen Vorbild. Auch hier wieder die Stimme von Bertrand Russell: „Deutschland verfügte über ein höheres Bildungsniveau als alle anderen Länder. Entwicklungen, die in England oder Amerika mehr als 40 Jahre benötigten, nahmen in Deutschland kaum 10 Jahre in Anspruch. In der Farben- und chemischen Industrie wurde Deutschland führend. Die Elektroindustrie war die größte industrielle Einzelleistung des modernen Deutschlands. Die Welt stand vor einem Komplex neuer wissenschaftlicher und wirtschaftlicher Probleme. In der Bearbeitung dieser Probleme übernahm Deutschland die Führung. In der chemischen und elektrotechnischen Industrie hatte Deutschland einen Vorsprung von 10 bis 20 Jahren.“
Noch heute kennt England keine obligatorische Berufsschule, keine geregelte Lehrlingsausbildung, mit der Folge, daß immer noch ein unstillbarer Mangel an Fachkräften besteht. Das ist ein entscheidender Grund für den Niedergang der englischen Wettbewerbsfähigkeit, der nun schon seit 100 Jahren anhält. An dem hohen Qualitätsstandard deutscher Industrieprodukte (Made in Germany) hatte die Ausbildung zum Facharbeiter und zum Ingenieur über Berufs- und Fachschulen einen beträchtlichen Anteil.

4. Neben der Ausbildung war aber auch die Dienstzeit in der Armee Grund für den wirtschaftlichen Erfolg. Die Gewöhnung an Ordnung, Pünktlichkeit und Disziplin bei der jüngeren ländlich geprägten Generation wäre ohne die allgemeine Wehrpflicht, wäre ohne den Dienst in der Armee nicht erreicht worden.
Ein junger Bursche vom Land kam in seiner Dienstzeit mit Menschen aus anderem Herkommen in Berührung, er lernte, wenn er Glück hatte, Berlin, die größte deutsche Garnisonsstadt, kennen, und er war stolz darauf, daß er als Gedienter in seinem Dorf eine persönliche Bestätigung erhielt. In einem der annähernd 25.000 Soldatenvereine setzte er die bei der Truppe geknüpften Bindungen fort und erlebte dort gleichzeitig ein kameradschaftliches Verhältnis zu den Altgedienten. So unverständlich das für viele heute sein mag, die Menschen fanden hier in der chaotischen Welt der Industrialisierung und Verstädterung Tuchfühlung und Nähe. Darüber hinaus gab es noch unzählige andere Vereine, die Gemeinschaftsaktivitäten entfalteten. Das Wort von dem deutschen „Vereinsmeier" hat hierin seine Wurzel. Besonders aktiv waren die Sozialdemokraten, die ihre Mitglieder mit unterschiedlichen Angeboten – von Bildung bis zur Haushaltsführung – fast von der Geburt bis zum Tode begleiteten. Wer heute darüber die Nase rümpft, begreift nicht die soziale Aufgabe, die von diesen Vereinen erfüllt wurde. Die Vereinsamung und Bindungslosigkeit junger Menschen in der Gegenwart mit der Folge von Gewaltbereitschaft in den Schulen, zunehmender Jugendkriminalität, Flucht in Sekten und Drogen können nur mit der Stärkung von Gemeinschaftsorientierung be-

hoben werden, nicht mit den abgehobenen Debatten von Ministerpräsidenten oder Parlamentariern.

5. Ebenso unangefochten stand Deutschland als Wiege des modernen Sozialstaates an der Spitze der sozialen Fürsorge für seine arbeitenden Menschen. Die Grundlagen der heutigen Sozialversicherung wurden von Bismarck gelegt. Die Bismarcksche Sozialversicherung beruhte trotz staatlicher Zuschüsse auf dem Deckungsprinzip und nicht auf dem unseriösen Umlageprinzip. Sein Motiv, die Arbeiterschaft in seinen Staat zu integrieren, ist legitim. Dieses Motiv deswegen zu diskreditieren bedeutet aus demokratischer Sicht reine Heuchelei, denn die Parteien fordern und beschließen heute ebenfalls zur eigenen Machterhaltung oder sogar zur Machtgewinnung soziale Geschenke unterschiedlicher Art. Zahlreiche weitere Einrichtungen des modernen Sozialstaates wurden im Kaiserreich begründet. Dazu gehörten das Arbeitskampfrecht und das Tarifrecht. Mit dem Erlaß von Arbeitsschutzrechten war das Kaiserreich Vorreiter in der Welt. Das deutsche Lebensmittelrecht, eine Schutzbestimmung für den Menschen, ist inzwischen über 100 Jahre alt, es war einmalig und gehört heute noch zu den modernsten seiner Art. Während im Kaiserreich Arbeitsschutzrechte und auch Tarifrechte vom preußischen Staat gegen die Unternehmer durchgesetzt wurden, war das in England und Amerika nicht nur nicht denkbar, sondern auch nicht erreichbar. Gesetzliche Arbeitszeitregelungen wurden 1906 vom obersten Gericht der USA als verfassungswidrig erklärt.
6. Für die wachsende Bevölkerung mußten Wohnungen, öffentliche Einrichtungen wie Schulen, Krankenhäu-

ser, Verwaltungen, Bäder, Straßen, Eisenbahnen, Kanäle usw. gebaut werden. Berücksichtigt man die technischen Möglichkeiten und die Transportmittel jener Zeit, war es eine höchst bemerkenswerte Leistung, daß jährlich über 225.000 Wohnungen gebaut wurden. 1880 gab es im Kaiserreich 120.000 Krankenhausbetten, im Jahre 1913 waren es bereits 467.000, das war ein Anstieg von 10.000 Betten pro Jahr. Die deutschen Krankenhäuser wurden zum Vorbild. Beispielhaft damals das Rudolf-Virchow-Krankenhaus in Berlin. Hierzu der französische Journalist Jules Huret (1907): „Die Deutschen bauen Krankenhäuser mit einem Aufwand von Ordnung und Komfort, um den sie alle Länder Europas beneiden. Wir Franzosen müssen uns anstrengen, wenn wir unseren Platz im Konzert der Zivilisation behalten wollen."

Jährlich wurden etwa 5.000 km Straßen der ersten und zweiten Ordnung gebaut. Etwa 1.100 km Eisenbahnstrecke kamen jährlich hinzu.

7. Obwohl Deutschland infolge seiner Rohstoffarmut schon damals auf industriellen Export angewiesen war, wurden nur niedrige Zölle auf den Import von Fertigwaren und Getreide erhoben. So betrugen die durchschnittlichen Zölle auf Fertigwaren aus England:
Deutschland 25 %, Italien 28 %, Frankreich 34 %, USA 73 %, Rußland 131 %.
Der Getreidezoll sollte die Landwirtschaft vor der amerikanischen und russischen Großraumlandwirtschaft schützen. Die Probleme der europäischen Landwirtschaft haben sich bis heute nicht geändert. Die Kampfthese der ideologischen Geschichtsdeuter, der ostelbische Adel wollte sich mit diesen Zöllen an der

Macht halten, läßt sich mit Fakten nicht abstützen. Welche „Adligen“ sollten denn in den USA oder Rußland mit den hohen Zöllen an der Macht gehalten werden? 1880 waren bereits 65 % aller ostdeutschen Rittergutsbesitzer bürgerlicher Herkunft. Ihre Familien waren im 19. Jahrhundert durch Kauf in den Besitz gekommen. Die Verschuldung der dortigen Güter war wesentlich höher als in allen anderen Gebieten Deutschlands. Der Getreideimport stieg trotz der Zölle von 1,7 Millionen Tonnen im Jahre 1888 auf 6,1 Millionen Tonnen im Jahre 1907, stieg also in dieser Zeit um 258 %.

8. Kultur im weitesten Sinne wurde vom Staat, insbesondere vom Hegemonialstaat Preußen, gefördert. Die preußischen und bayerischen Museen besaßen Weltruf. Aus der Apanage des Kaisers wurden Theater finanziert. Musik und Bildende Künste erlebten eine Blüte, auch wenn der Kaiser einer bestimmten Kunstrichtung den Vorzug gab, wozu er wie jeder andere Bürger das Recht hatte. Die sogenannten „Goldenen Zwanziger“ der Weimarer Zeit hatten, wie sollte es bei der kurzen zeitlichen Differenz auch anders sein, ihren Ursprung im kulturellen Leben der Kaiserzeit. Angesichts der niedrigen Steuerbelastung war das Mäzenatentum für Kunst und Wissenschaft weit verbreitet. Friedrich Althoff, der berühmte Ministerialdirektor im preußischen Kultusministerium, erwies sich bei den mit ihm befreundeten jüdischen Unternehmern als ein erfolgreicher „Schnorrer“. Daß schon damals die Spendenfreudigkeit durch steuerliche Vergünstigungen angeregt wurde, ist nicht zu bezweifeln. Das Presserecht schützte die Pressefreiheit. Allein in Berlin er-

schienen mehr als 400 Zeitungen unterschiedlicher und gegensätzlicher politischer Richtungen.

Deutschland im Vergleich

Bewundernswerte Leistungen sind auf vielen Gebieten erreicht worden. Trotzdem kann nicht übersehen werden, daß Armut nicht die Ausnahme, sondern die Regel war. Von den 31 Millionen Berufstätigen verfügten grob die Hälfte, und zwar ohne das Einkommen von Ehefrauen, über nicht mehr als ein steuerfreies Einkommen von rd. 1.000,- GM im Jahr, das nach Kaufkraft und Zeitverhältnissen einem jährlichen Einkommen (vor Steuern und Abgaben) des Jahres 1981 von 22.500,- DM (1990 29.500,- DM) entspricht. Andererseits verteilte sich das Vermögen in Deutschland auf weit mehr Personen als beispielsweise in den Vereinigten Staaten von Amerika, England oder Frankreich. Zwei Personen, nämlich Morgan und Rockefeller, kontrollierten über 20 % des gesamten amerikanischen Volksvermögens. Diese wirtschaftliche Macht entsprach ihrem politischen Einfluß. Nur 2 % der Einwohner verfügten über 60 % des Volkseinkommens. Der Anteil in Deutschland von denjenigen, die ein höheres Einkommen als 100.000,- GM bezogen, war ebenfalls gering, aber diese amerikanischen „Verzerrungen“ gab es in Deutschland nicht. Auch die häufig gegen Deutschland vorgebrachten Wahlverhältnisse waren „moderner“ als beispielsweise in England, wo zunächst nur die Besitzer von Stadtwohnungen, erst 1884 auch die Besitzer von ländlichen Wohnungen zur Wahl zugelassen waren. Gleichwohl blieb die Berechtigung zur Wahl in

England auf eine privilegierte Bevölkerungsklasse beschränkt. Die Mehrzahl der Industrie- und Landarbeiter war in England von der Wahl ausgeschlossen. Während in Deutschland seit 1871 22 % der Bevölkerung wahlberechtigt waren, konnten in England erst seit 1886 knapp 13 % der Bevölkerung zur Wahlurne gehen. Wahlkorruption und Wahlkreismanipulation (gerrymandering) waren in England an der Tagesordnung. In Amerika gab es im 19. Jahrhundert Wahlkorruption in einem Umfang, der in Deutschland nicht nur auf Unverständnis stieß, sondern angesichts der geordneten Rechtszustände im Deutschen Reich auch gar nicht vorstellbar war. Hierzu Bertrand Russell: „Es waren wirtschaftliche Beweggründe für den Entwurf der amerikanischen Verfassung. Der Antrieb ging von den Eigentümern von Privatbesitz aus. Es lag die bewußte Absicht der eigenen Bevorteilung vor, was sich in den starken Machtbefugnissen des obersten Gerichtshofs ausdrückt und in der Klausel zur Wahrung der Heiligkeit von Verträgen. Die Verfassung der Vereinigten Staaten wurde hauptsächlich von Interessentengruppen ins Leben gerufen: von den Eigentümern und Besitzern von Geld, Staatspapieren, Fabriken, Handel und Schiffahrt. Die Verfassung war im wesentlichen ein ökonomisches Dokument." Bis zum Anfang des 20. Jahrhunderts stellten die sogenannten Yankees, die englischgeborenen weißen Amerikaner, die Führungsschicht. Sie hatten in Amerika mehr Einfluß als der preußische Adel jemals in Deutschland.

„Die Soziale Frage" als das brennendste Problem in allen Industriestaaten wurde auf evolutionärem Wege in Deutschland verantwortungsbewußt gelöst. Es zeigte sich kurz vor dem Beginn des Ersten Weltkriegs, daß der

Reformflügel der Sozialdemokraten unter Ebert und Bernstein nicht mehr die soziale Revolution propagierte, sondern zur konstruktiven Mitarbeit bereit war. Für Europa ist die Zerstörung und Demütigung dieses Staates und seiner Regierung ein bis heute nachwirkendes Unglück geblieben. Die einseitige Verdammung dieser Zeitepoche durch die Demokraten der Weimarer Zeit, durch Hitler und seine Anhänger und endlich durch die Alliierten in den beiden Weltkriegen und ihre deutschen Epigonen bedarf der Korrektur. Unsere Großväter und Urgroßväter verdienen unsere Achtung. Ohne Scham sollten wir Deutsche uns zu diesem Zeitabschnitt unserer Geschichte bekennen, die so unglücklich geendet hat. Hierzu sind Urteile, nicht Vorurteile nötig, und diese wiederum erfordern Kenntnisse, nicht pauschale Verunglimpfungen, wie sie in vielen historischen Erzeugnissen üblich geworden sind.

„Haltet den Dieb“

Die Verurteilung des Kaiserreichs durch die Alliierten wird von ihrem „schlechten Gewissen“ diktiert und folgt dem Prinzip „Haltet den Dieb“, denn schon kurz nach dem Ersten Weltkrieg setzte sich die Erkenntnis durch, daß der Stabilität und der wirtschaftlichen Prosperität Europas mit der Zerstörung und Demütigung Deutschlands ein großer, nicht mehr reparabler Schaden zugefügt worden war. Europa verlor seine Stellung als Mittelpunkt der Welt. Die USA traten an seine Stelle. Auch wenn alle Deutschen liberale Anhänger einer parlamentarischen Monarchie gewesen wären, die anderen Großmächte hätten wohl kaum einem politisch geeinten und wirtschaftlich dynamischen Deutschland freiwillig Platz gemacht. Die Weltordnung wurde damals von rivalisierenden Imperialmächten beherrscht, und in diese Ordnung ist das Deutsche Reich nicht mit Soldaten und Kanonen, sondern mit seiner Tüchtigkeit und Dynamik eingedrungen. Darin sahen die anderen ein aggressives Verhalten. Auch hier kommt die wirtschaftliche Seite zum Tragen. Eine Sozialdemokratie hätte ebenfalls Arbeitsplätze schaffen müssen. Es hat noch kein Sozialdemokrat erläutert, wie er diese Probleme des Kaiserreichs hätte anders lösen können. Interessant übrigens, auch die Sozialdemokratie war konsequent für die Goldwährung.

Keine Kontinuität

Zwischen dem Kaiserreich und dem Nationalsozialismus steht der Erste Weltkrieg, der sich als verlorener Krieg für uns Deutsche als ein elementarer Bruch jeder Art von Kontinuität erweist. Von Kontinuität oder, wie es die Juristen ausdrücken, von Kausalzusammenhang können wir nur dann sprechen, und zwar im speziellen wie im allgemeinen Sinn, wenn kein Ereignis dazwischengetreten ist, das den Zusammenhang auflöst oder nachhaltig gestört hat. Eine Darstellung über die Ursachen des Nationalsozialismus ist daher ohne die eingehende Erörterung der Folgen der Niederlage und der Gründe, warum es nicht zu einem vorzeitigen Friedensschluß im Wege des Verhandlungsfriedens gekommen ist, nicht seriös. Amerikanische Autoren behandeln selten die Schuld der USA am Ausgang und den Folgen des Ersten Weltkrieges.

Diese Schuld an den Europäern wird verdrängt und in der Konsequenz amerikanischer Religionstradition bei anderen gesucht. So sieht der amerikanische Historiker Gordon A. Craig, Ehrendoktor der Freien Universität Berlin, Wohnsitz im sonnigen Kalifornien, die Wurzeln für den Nationalsozialismus in den „Unzulänglichkeiten des Bismarckschen Wirkens und in der Bevorzugung der Macht auf Kosten des Geistes"! Der französische Außenminister Jules Favre, der Bismarck persönlich kannte, äußerte 1872, nur ein Jahr nach der französischen Niederlage gegen Deutschland: „Die Nachwelt wird Bismarck für alle Zeiten als einen der größten Staatsmänner der Menschheit anerkennen. Einen wie ihn werden wir vielleicht nie wieder erleben."

Wenn die Deutschen in den zwanziger und dreißiger Jahren von „Friedenszeiten" redeten, meinten sie das Kaiserreich. Kann man es ihnen verdenken, wenn sie Ordnung, Rechtsstaatlichkeit und verläßliche politische Bedingungen dem Parteienchaos der Weimarer Zeit vorzogen? „Die Massen wollen Ruhe und Verdienst; kann ihnen Republik oder Monarchie dies gewähren, so halten sie mit; wo nicht, so werden die Völker ohne lange zu fragen die erste Staatsform befördern, welche ihnen jene Vorteile verheißt" (Jacob Burckhardt).

Das Kaiserreich und die Ideale der sozialen Marktwirtschaft

Pflichtbewußtsein, Ordnungsliebe und Anpassung an die Erfordernisse des Gemeinwohls werden heute als Sekundärtugenden, damit als überflüssig oder schädlich, verlästert, obwohl auch eine pluralistische Massendemokratie auf diese Eigenschaften bei ihrer Elite nicht verzichten kann. Den Idealen der sozialen Marktwirtschaft ist das Kaiserreich nähergekommen als jeder andere Staat. Unter diesen Idealen sind in erster Linie zu verstehen:

- Rechtssicherheit
- Verbesserung der Lebensbedingungen des einzelnen
- Bildung
- Gesundheitsfürsorge
- Altersfürsorge
- Reformfähigkeit
- Arbeit und Wohnung
- Angemessener Freiraum für die Entwicklung der Persönlichkeit.

Wir verstehen heute, warum Ebert und Bernstein, leider zu spät, die Sozialdemokratie mit der Monarchie versöhnen und sie zu einer Reformpartei umwandeln wollten. Sie fühlten deutlich, daß Deutschland mit dem Reichstag vor einer Parlamentarisierung im Rahmen der deutschen monarchischen Tradition stand. Es bestand auf keiner Seite der Wunsch nach englischen oder sogar amerikanischen Verhältnissen. Wenn es richtig ist, was der Schweizer Staatsrechtler Fritz Fleiner einmal gesagt hat, daß „die beste Verfassung eines Staates eine gute Verwaltung sei", dann hatte das Kaiserreich nicht nur eine gute, sondern eine sehr gute Verfassung. Die deutsche Verwaltung war nach dem Urteil des englischen Historikers James Bryce, des sozialdemokratischen Ministerpräsidenten Otto Braun und des in Amerika lehrenden österreichischen Nationalökonomen Schumpeter die erfolgreichste und beste Bürokratie, die die Welt je gesehen hat. Diesem Urteil entsprach die Geltung der deutschen Verwaltung im internationalen Maßstab. Die Beamten stellten eine bürgerlich-adlige Amtsaristokratie dar, die den Monarchen als ihren Vorgesetzten betrachtete. Sie waren durch Kompetenz, Staatsauffassung und Amtsehre miteinander verbunden. Traditionsbewußt fühlten sie sich dem Gebot Friedrich des Großen verpflichtet: mit Rechtschaffenheit, mit Fleiß, mit Weisheit und mit Uneigennützigkeit zu handeln. Der Dank an sie war ihr hohes soziales Ansehen.

Das Kaiserreich als Gegenstand der historischen Erinnerung

Das deutsche Kaiserreich verdient unsere Achtung und unsere Bewunderung. Wie formulierte es Carl Heinrich Becker, Kultusminister und herausragender Bildungspolitiker der Weimarer Zeit: „Bei dem unschätzbaren erzieherischen Wert, der in dieser Glanzperiode der erfüllten Reichseinheit liegt, dürfen wir die Erinnerung daran uns durch keine Bitternis der Kritik vergällen lassen." Ordnung, Rechtsstaatlichkeit und als Tugenden Selbstbescheidung und Verpflichtung gegenüber dem Gesamtwohl sind die Forderungen der Gegenwart, um den weiteren Verfall unserer Kultur und staatlichen Ordnung aufzuhalten. Wie das Deutsche Kaiserreich die Synthese von Bindung und Freiheit, von Leistung und Entfaltung, von Recht und Individualität in die praktische Politik umgesetzt hat, wäre heute ein Beispiel von unschätzbarem Wert.

Die Forderung von Rohrmoser und Sontheimer, uns von diesem Staat zu distanzieren, zeigt nicht nur Unkenntnis der tatsächlichen Verhältnisse, sondern auch eine beachtliche Unreife des politischen Urteils. Für das Zusammenwachsen Europas könnte das aus selbständigen Staaten bundesstaatlich organisierte Deutsche Reich als Vorbild dienen, bei dem Reichstag und Reichsbehörden schon unter Bismarck trotz des Regiments der Einzelstaaten (Bundesrat) zentripetale Kräfte entwickelt hatten, die nicht mehr rückgängig gemacht werden konnten und letztlich zur Weimarer Verfassung geführt haben. Daß unsere bundesstaatliche Verfassung mit der teilweise von den Besatzungsmächten oktroyierten feudalen Eigenbrötelei und Selbstsucht der einzelnen Länder, die ihren „Fürsten" die Plattform für eine gespreizte Selbstdarstellung bieten, nicht die bestmögliche Lösung darstellt, um dem arbeitenden Menschen „Sicherheit, Ordnung und Verdienst" zu geben, kann nicht mehr fraglich sein.

Der deutsche Bundesrat ist heute zu einem Ort der Obstruktion verkümmert, über den sich nicht nur Bayern, sondern auch die kleinen Länder in die Bundespolitik einzumischen und auf der europäischen Ebene mitzuregieren versuchen. Darüber hinaus unterwerfen sich die Ministerpräsidenten der „Disziplin" der Partei, der sie jeweils angehören, womit sie die Grundsätze der föderalen Verfassungsstruktur brechen. Verhältniswahlrecht und Regierungsföderalismus im Gegensatz zum Verwaltungsföderalismus sind die herausragenden Ursachen für die Reformunfähigkeit der Bundesrepublik Deutschland. Samuel Pufendorf (1632–1694) beklagte vor 300 Jahren die Obstruktion und Gleichgültigkeit deutscher Fürsten gegenüber dem Reich als Ganzem, indem er den Rechtszustand des Reiches als „Monstrum" (Monstrosum) bezeichnete, weil dem Kaiser die Souveränität, die einheitliche Obergewalt, fehle. Die demokratischen Bewegungen in Deutschland 1848 und 1919 wollten daher die Macht der Fürsten, der Feudalherren, zurückdrängen. So hatten schon die „Heidelberger Erklärung" vom 7. 3. 1848 sowie die zahlreichen Memoranden und Anträge von Bassermann, Abel, Gagern, Hansemann und vielen anderen Demokraten in den Jahren 1846 bis 1848 die Stärkung des Bundes zu Lasten der Einzelstaaten gefordert. Bassermann verwies sogar auf die amerikanische Struktur und hat dabei die angemessene Selbstverwaltung der Länder, nicht aber ihre Berechtigung zur Mitregierung im Bund gemeint. Ebenso weist die Weimarer Verfassung auf die Tradition demokratischen Denkens in Deutschland hin.

Dagegen war die notwendige Zustimmung der Besatzungsmächte zur Inkraftsetzung des Grundgesetzes im Jahre 1948 von der verfassungsrechtlich eingeräumten Mitwirkung der Länder in Bundesangelegenheiten abhängig. Und die Zustimmung der benachbarten Staaten zur Wiedervereinigung Deutschlands 1990 konnte nur erreicht werden mit der Etablierung weiterer Länder und ihrer Einflußnahme auf Angelegenheiten des Bundes. Das Bundesverfassungsgericht hat zusätzlich den Artikel 23 GG ausdrücklich als unabänderlich bestätigt. Besatzungsrecht und Fremdeinwirkung haben bei denjenigen Regelungen unserer Verfassung, die in besonderem Maße zur Unbeweglichkeit, ja zur Reformunfähigkeit geführt haben, einen entscheidenden Einfluß ausgeübt.

Von allen Deutschen wird erwartet, wollen sie sich nicht als Häretiker mit dem Vorwurf undemokratischer Gesinnung stigmatisieren lassen, dieses in der Tradition des deutschen Feudalismus stehende Verfassungswerk als die

„Heilige Schrift“ unserer Demokratie anzubeten. Der Föderalismus unserer jetzigen Verfassung darf nicht in Frage gestellt werden. Sogar vom Verfassungspatriotismus an Stelle eines gesunden Patriotismus wurde gesprochen. Pufendorfs Forderung nach „Gemeinschaft in Ordnung und Recht“ war zu seiner Zeit die Antwort auf die Frage nach der staatlichen Ordnung einer glaubens- und bindungslosen Masse, wie sie sich als Folge der Entdekkungen und der Aufklärung im 17. und 18. Jahrhundert zu entwickeln begann. Demgegenüber stand die englische Position des Staatsphilosophen Thomas Hobbes (1588–1679), dessen Inspirationen zur Allmacht des englischen Parlaments führten. Dieses Parlament war der Ausdruck des höchsten Staatswillens (Leviathan), der nicht durch Gewaltentrennung beschränkt werden durfte. Die „Potestas Suprema“, die höchste Gewalt, unserer heutigen Parteien kann als Ausfluß dieser Lehre betrachtet werden. Die Allmacht der Parteien, die sich in alle Bereiche des staatlichen, neuerdings auch des persönlichen Lebens hineinfrißt, ohne durch eine Gewaltentrennung ausbalanciert zu werden, müßte trotzdem nicht einer demokratischen Staatsstruktur entgegenstehen, wenn sie nicht mit dem föderativen Feudalismus deutscher Spielart verkoppelt wäre.

Nur ein Verwaltungsföderalismus, bei dem die Länder nicht an der Regierung des Bundes mitwirken, wie er in den USA besteht, könnte die Reformfähigkeit in Deutschland wiederherstellen. Aber dazu wäre eine Verfassungsänderung mit der Zustimmung der Ministerpräsidenten, unserer modernen Feudalherren, notwendig, mit der nicht gerechnet werden kann. Für die Heiligsprechung unserer Verfassung besteht kein Grund, schon gar nicht im Vergleich mit der rechtlichen und tatsächlichen Verfassung des Deutschen Kaiserreichs, in der die Gewaltentrennung im Gegensatz zu England strikt durchgeführt war. Die innere Abkehr von dieser glänzenden deutschen Zeitepoche ist die Folge einer allgemeinen geschichtlichen Unkenntnis, die von unseren Parteien und deren 16 Kultusministern veranlaßt worden ist. So sehr immer wieder die Forderung erhoben wird, wir Deutschen sollten aus unserer Vergangenheit lernen, aus dem Kaiserreich soll *nicht* gelernt werden, da fürchten unsere Parteien den Vergleich.

Nachtrag: Professor Dr. David Nachmansohn, New York, letztes jüdisches Mitglied der Kaiser-Wilhelm-Gesellschaft in Berlin-Dahlem: „Der gewaltige Aufstieg der deutschen Wissenschaft und Technik in den letzten drei Jahrzehnten des 19. Jahrhunderts und in den ersten drei Jahrzehnten des 20. Jahrhunderts verwandelte Deutschland aus einem relativ mittellosen und in vieler Hinsicht rückständigen Land in eine der größten Mächte der Erde. Das Ergebnis war eine Umwälzung von noch nie dagewesenen Ausmaßen. Wir sind Zeugen einer neuen Ära in der Geschichte der Menschheit.

Als der Dreißigjährige Krieg mit dem Westfälischen Frieden im Jahr 1648 beendet wurde, war Deutschland ein verwüstetes Land. Es dauerte dann mehr als ein Jahrhundert, ehe sich Deutschland intellektuell, politisch und wirtschaftlich zu erholen begann. Die Mittelklasse war arm und hatte praktisch keinen Einfluß. Armut, Hunger, Elend und Krankheiten waren weit verbreitet. Die Niederlage, Besetzung und Demütigung Deutschlands durch Napoleon spielten bei seiner Wiedergeburt eine unerwartete Rolle. Der deutsche Nationalstolz war tief verletzt. Viele führende Köpfe erkannten, daß die Wiederherstellung von Deutschlands Macht nur durch die Schaffung und Entwicklung einer zur Führung befähigten Elite möglich wäre. Dieses Ziel erforderte die starke Unterstützung der vorhandenen Universitäten und den Aufbau von neuen Hochschulen. Preußen war damals die einzige potentiell starke Militärmacht in Deutschland.

Erst um 1820 begann die Entwicklung der naturwissenschaftlichen Fächer an der Universität Berlin. Außer in Berlin wurden neue Universitäten 1811 in Breslau und 1818 in Bonn gegründet.

Der dramatische Wendepunkt des deutschen Schicksals wurde durch Otto von Bismarck eingeleitet, einem der größten Staatsmänner der Geschichte. In ihm verbanden sich ein brillanter Geist, ein herausragender Intellekt, eine außergewöhnliche Sehergabe und weite Zukunftsperspektiven mit einem eisernen Willen; er war ein perfekter Autokrat, der Kanzler von „Blut und Eisen".

Die Einigung Deutschlands unter der Führung von Preußen und seine starke Armee waren nur potentielle Faktoren bei der Entstehung einer neuen großen Macht in Europa. Sie schufen günstige Bedingungen für die Umwandlung eines Landes mit einer relativ rückständigen Bevölkerung in eines der stärksten und blühendsten Länder Europas. Deutschland war arm an natürlichen Reserven. Anders als Frankreich oder England hatte es kein großes Weltreich zur Ausbeutung. Bismarck und viele andere weitsichtige Führer erkannten die lebenswichtige Bedeutung der Entwicklung von Wissenschaft und Technik, um eine mächtige Industrie und Landwirtschaft aufzubauen. Die Universitäten erhielten von der Regierung großzügige finanzielle Unterstützung, in einem bisher noch in keinem anderen Land vorgekommenen Ausmaß. Viele neue Institute wurden errichtet und neue Positionen geschaffen. Darüber hinaus wurde die Anzahl der mehr industrieorientierten Technischen Hochschulen fortlaufend erhöht. Am Ende des Jahrhunderts gab es bereits etwa ein Dutzend davon. Ihr Niveau war außergewöhnlich hoch, und die Absolventen waren vergleichbar mit an der Universität promovierten Akademikern.

Um die Jahrhundertwende war Deutschland die führende Industrienation geworden. Es besaß eine gigantische pharmazeutische und chemische Industrie; zum Beispiel wurden 80 % aller Farbstoffe in Deutschland hergestellt. Auch die optische Industrie war von unerreichter Qualität. Die Vereinigten Staaten waren das erste Land, das dem deutschen Weg folgte und Forschung und Industrie vielfach unter einem Dach vereinte. Frankreich und England dagegen kamen bald ins Hintertreffen. Die Wirkung dieser bemerkenswerten Entwicklung läßt sich an den Veränderungen erkennen, die in Deutschland stattfanden: Im Jahr 1840, mit einer Bevölkerung von rund 35 Millionen, war das Land von Armut, Elend, Hunger und Krankheit geplagt, der Schauplatz von Hauptmanns „Die Weber“. 1910 war es mit einer Bevölkerung von rund 70 Millionen ein reiches Land mit einer hochgebildeten Mittelklasse und einer Arbeiterklasse, die bessere Lebensbedingungen und fortschrittlichere soziale Einrichtungen besaß als die entsprechenden Bevölkerungsschichten in Frankreich und England.“

(Zitat aus D. Nachmansohn/R. Schmid „Die große Ära der Wissenschaft in Deutschland 1900 bis 1933“, Wissenschaftliche Verlagsgesellschaft mbH Stuttgart, 1988.)

IV.
PREUSSISCHE BILDUNGSPOLITIK
Friedrich Althoff

Leitung des Universitätsreferates

„In necessariis unitas, in dubiis libertas, in omnibus caritas“ – frei übersetzt: bei Sachentscheidungen Einheit, bei weniger wichtigen Fragen Freiheit, in allen Dingen aber Liebe.

Diesen Satz des mittelalterlichen Kirchenrechtlers Comenius wählte er sich zu seinem Leitspruch. „In omnibus caritas“ bestimmte er als Inschrift auf seinem Grabstein: Friedrich Althoff, Ehrenbürger der Stadt Münster, Corpsstudent in Bonn und seit 1906 dritter deutscher Ehrendoktor der Harvard-Universität in Cambridge (USA), geehrt als „die bedeutungsvollste Persönlichkeit des deutschen Universitätswesens und Zierde der großen Kulturnation Deutschland“.

„Wer einmal der Nachwelt die richtigen Schlüssel zum Verständnis des Zeitalters Wilhelms II. überliefern will, wird die Persönlichkeit und das Wirken Althoffs würdigen müssen“ schrieben die „Münchener Neuesten Nachrichten“ in seinem Todesjahr 1908. Wer war dieser Friedrich Althoff, den die „Neue Zürcher Zeitung“ den heimlichen Kultusminister Preußens und die „Vossische Zeitung“ den „Bismarck des preußischen Hochschulwesens“ nannten? Althoff wurde am 19. Februar 1839 als Sohn des 54jährigen königlichen Domänenrates Theodor Althoff in Dinslaken geboren. 13 Jahre später starb der Vater. Die Mutter, Tochter des ehemaligen preußischen Staats- und Kriegsministers von Buggenhagen, zog nach Wesel, wo der junge Althoff bis zu seinem Abitur, das er mit 18 Jahren ablegte, das Gymnasium besuchte. Latein und Geschichte schloß er mit „vorzüglich“ ab, in den anderen Fächern zeigte er nur befriedigende Leistungen. Sein Abiturzeugnis vermerkt, er sei „im ganzen fleißig gewesen, habe jedoch manches allzuleicht genommen, weil es ihm leicht wurde. Vor Oberflächlichkeit werde er sich daher zu hüten haben“.

1856 begann er in Bonn mit dem juristischen Studium, das er ein Jahr später in Berlin fortzusetzen gedachte. Nur wenige Wochen nach seiner Ankunft in Berlin geriet er als Corpsstudent mit der Universitätsverwaltung in Streit, der zum „consilium abeundi“ führte und zur Verhängung einer vierzehntägigen Karzerstrafe. Erst nach einem Gnadenerweis durch die preußische Administration konnte er sein Studium in Bonn fortsetzen, wo ihn seine Erlebnisse in Berlin nicht von weiterem studentischen Unfug abhielten. Weitere Aufenthalte im Karzer waren daher unvermeidlich.

Ein Kommilitone schilderte Althoff als eifrigen Corpsstudenten, als „gewandten Fechter, tapfer auf der Mensur und taktvoll im Humor“. Als er später in Straßburg als junger Beamter die Disziplinarordnung für Studenten zu bearbeiten hatte, trat er energisch für die Beibehaltung der Karzerstrafe ein mit der für ihn typischen Begründung, er selbst habe so viel Vergnügen im Karzer gehabt, daß den nachfolgenden Studenten dieses Vergnügen nicht vorenthalten werden sollte. Sein ihm vorgesetzter Oberpräsident von Möller dagegen schaffte die Karzerstrafe trotzdem ab, weil er durch seine eigenen zahlreichen Aufenthalte im Karzer, wie er meinte, keinen bessernden Einfluß bei sich habe bemerken können. Beide

Äußerungen zeigen, wie Jugend in jenen Jahren noch in unbeschwertem Übermut erlebt wurde, wie die Älteren die jungen Heißsporne mit verständnisvollem Augenzwinkern straften.
Während seiner Referendarzeit starb die Mutter. Ein Jahr danach heiratete er die 19jährige Marie Ingenol, ein Mädchen von großer Zartheit und Anmut, eine Dame in der eigentlichen Bedeutung des Wortes. Sie überlebte ihn 17 Jahre, eine Lebensgefährtin, die für den Unermüdlichen Ruhe, Hilfe und Stütze bedeutete.
Aus gesundheitlichen Gründen konnte der Kriegsfreiwillige Althoff am französisch-deutschen Kriege nicht als Soldat, sondern nur als Sanitäter teilnehmen. Es folgte eine kurze Anwaltstätigkeit in Köln, danach im Mai 1871 die Bestellung als Justitiar im neuen Reichsland Elsaß-Lothringen, das zunächst unmittelbar dem Reichskanzleramt in Berlin unterstand. Der Reichskanzler war durch einen Kommissar vertreten, dem badischen Staatsmann Freiherr von Roggenbach. Mit Roggenbach gemeinsam wollte Althoff neuartige Ideen verwirklichen. Es war sein ehrgeiziges Ziel, die Universität Straßburg zur geistigen Brücke zwischen Deutschland und Frankreich auszugestalten. Toleranz und die angemessene Berücksichtigung des katholischen Glaubens der Bevölkerung sollten den Geist dieser Universität bilden. Wichtige Lehrstühle wollte Althoff mit französischen und deutschen Gelehrten besetzen, ein internationales Zentrum deutscher Wissenschaft sollte zur Überwindung nationaler Gegensätze beitragen. Am Geldmangel, mehr noch an der Kurzsichtigkeit der Beamten des Kanzleramts sowie an der Eigensucht vieler Professoren scheiterten diese Hoffnungen. Nicht Brücke, sondern Germanisie-

rung, Wiedereindeutschung des nach dem dreißigjährigen Krieg von den Franzosen geraubten Elsaß war der Gedanke, der sich leider durchsetzte. Trotzdem gelang es Althoff, die Universität Straßburg zu einer hochstehenden deutschen Universität auszubauen. Straßburg war seit Jahrhunderten die erste deutsche Universität, für die neue Gebäude errichtet wurden. Auf diese Weise konnte Althoff eine praxisnahe Medizinerausbildung durch Anbindung von Krankenanstalten an die Universität verwirklichen.

In den naturwissenschaftlichen Fächern schuf er Institute, die ebenfalls der praktischen und wissenschaftlichen Vertiefung des Stoffes dienten. Kein Wunder, daß gerade die medizinische Fakultät und die naturwissenschaftlichen Fächer zu dem glänzenden Ruf dieser Universität entscheidend beitrugen.

Die Arbeiten der Straßburger Physiker Karl Ferdinand Braun, Max Diekmann und Gustav Glage sind noch heute Grundlagen für unser Fernsehen. Erstmalig an einer deutschen Universität wurde die Versorgung der Professorenwitwen rechtlich geregelt. Daß Althoff bei seiner eigenwilligen, ausschließlich an Qualität orientierten Berufungspolitik nicht nur Freunde unter den Professoren hatte, wird kaum verwundern.

Im Herbst 1882 erging an ihn der Ruf, das Universitätsreferat im preußischen Kultusministerium in Berlin zu übernehmen. Althoff zögerte. Da schrieb ihm Professor Schmoller, schon damals ein berühmter Nationalökonom: „... diesen Ruf müssen Sie annehmen ... Die Bedürfnisse des akademischen Lebens werden bei Ihnen Verständnis, Entschlossenheit und Energie finden ... Das Ihnen angebotene Amt zählt zu den Stellungen, welche imstande sind, historische Bedeutung zu gewinnen, und in solchem Fall darf man nicht ablehnen ...".

Der Amtsantritt

Am 10. Oktober 1882 wurde der Professor Dr. Friedrich Althoff, Geheimer Regierungsrat und Vortragender Rat, Leiter des Universitätsreferats in der 2. Abteilung des preußischen Kultusministeriums und damit, wie sich Sombart ausdrückte, „einer der mächtigsten Männer in der preußischen Monarchie".

Zum Verständnis der Stellung Althoffs wollen wir einen kurzen Blick auf die Entwicklung der deutschen Universitäten bis zu diesem Zeitpunkt werfen: die Philosophen- und Rhetorikschulen des Altertums waren die ersten Vorbilder abendländischer Universitäten. Von Einfluß waren auch die arabischen Schulen in Cordoba, Toledo, Bagdad und Damaskus.

Bisher eng verbunden und angelehnt an die Kloster- und Domschulen erhielt als erste die Universität von Paris im 12. Jahrhundert eine selbständige korporative Verfassung und wurde damit zum Leitbild, zur Mutter aller europäischen Universitäten. Dank der sich bildenden Lehrerkollegien, Vorläufer der späteren Fakultäten, verminderte sich allmählich der kirchliche Einfluß zugunsten wissenschaftlicher Ungebundenheit. Im Jahre 1347 gründete der französisch gebildete deutsche Kaiser Karl IV. die erste deutsche Universität in Prag und gab ihr eine korporative Verfassung. Aus der Mitte des akademischen Lehrkörpers wurden die Dekane der vier Fakultäten und der

Rektor gewählt. Die Ergänzung des Lehrkörpers durch Berufung von Professoren gehörte zu den autonomen Rechten der Universität und stellt ein bis in die heutige Zeit nachwirkendes Privilegium dar, dessen Erhaltung von vielen Professoren – meist aus eigensüchtigen Gründen – als die Inkarnation wissenschaftlicher Freiheit angesehen wird. Wenn auch die Universitäten nach dem 30jährigen Krieg unter dem Aufblühen der Territorialstaaten Preußen, Bayern, Württemberg, Baden, Hannover, Hessen einen beträchtlichen Aufschwung erfuhren, blieben ihre Organisationsstrukturen erstarrt und ihre Aufgaben unverändert. Nur der reinen Lehre verpflichtet, fühlten sie sich nur bedingt der allgemeinen Bildung verantwortlich und würden es als ein unzumutbares Ansinnen betrachtet haben, wenn man ihnen praxisbezogene Aufgaben übertragen hätte. Mit der staatlichen Gründung der Berliner Universität 1810 durch Wilhelm von Humboldt wird zwar der Versuch unternommen, dem klassizistischen Bildungsideal des Humanismus zum Durchbruch zu verhelfen und die Universitäten weltoffener zu machen, aber zu einer modernen, der Welt zugewandten Anstalt wird auch diese Universität nicht. Universitätsbildung bleibt Selbstzweck, dient der Menschenbildung und damit nur mittelbar den staatlichen Zwecken. So konnten die Universitäten mit ihren überholten Strukturen den Anforderungen des aufkommenden Industrie- und Massenzeitalters nicht mehr genügen. Ihre Versuche, zeitgemäßere Reformen auf gemeinsamen Kongressen in den Jahren 1848 bis 1851 durchzusetzen, scheiterten. Der Amtsantritt Althoffs wurde daher von großen Hoffnungen begleitet. Und in der Tat, es war ein Glücksfall für die preußische Bildungspolitik, daß jetzt ein entscheidungsfreudiger Mann mit einer kleinen Gruppe von hochkarätigen Beamten die Schalthebel der Macht übernahm und die Einflüsse rivalisierender Interessengruppen zurückdrängte. Nicht alle Erwartungen hat Althoff erfüllen können, aber die Wurzeln zu zahlreichen Bildungseinrichtungen, die uns heute selbstverständlich sind, wurden von ihm gelegt.

Aus der Korrespondenz mit dem Freiherrn von Roggenbach lassen sich die grundlegenden Überzeugungen Althoffs ablesen. Danach war eine Besserung des deutschen Universitätssystems nicht von einer einzelnen Universität, sondern nur von Preußen als dem größten und einflußreichsten Gliedstaat zu erwarten. Nichts sollte jedoch überstürzt werden, weil eine gute Reform Zeit brauche. Dem Kastenegoismus der cliquenartig verbundenen Universitätslehrer wollte er entgegenwirken und den Mißbrauch des Professorentitels und der Universitätseinrichtungen zur Erlangung von Honoraren und persönlichen Einkünften strikt unterbinden. Die Entartung einer Universität zu einer Familienoligarchie von Professoren, wie in Tübingen um 1817, sollte sich nicht wiederholen.

Mit der Reduzierung der „dilettantischen und anstrengungsarmen" Vorlesungen, wie Kunstgeschichte, Literatur oder Soziologie, wollte Althoff der Gefahr der Entstehung eines akademischen Proletariats rechtzeitig begegnen.

Die notorische Mittelknappheit des preußischen Staates hingegen war für Althoff kein Grund zur Resignation. Materieller Luxus stand in seiner Überzeugung im umgekehrten Verhältnis zu Einfallsreichtum und Effizienz. Wer den Experimentiertisch Otto Hahns vor Augen hat, an dem die Kernspaltung in Berlin-Dahlem entdeckt wurde, wird Althoff recht geben.

Wie sah die Gliederung des preußischen Kultusministeriums bei Amtsantritt Althoffs aus? Es bestand aus vier Abteilungen, die von Ministerialdirektoren als Abteilungsleiter geführt wurden. Darüber standen der Minister und sein Unterstaatssekretär. Vier Abteilungsdirektoren, 48 vortragende Räte und 82 Hilfskräfte und Registratoren, zusammen also 134 Beamte, waren im Jahre 1906 im Ministerium beschäftigt. Althoff übernahm das Universitätsreferat in der 2. Abteilung, die außerdem noch zuständig war für:

- Technische Hochschulen
- Höheres Schulwesen
- Wissenschaftliche Anstalten
- Bibliotheken
- Akademien
- Museen
- Kunsthochschulen
- Sternwarte
- Botanischer Garten in Berlin
- Metereologisches Institut
- Astrophysikalisches Observatorium
- Handelshochschule.

Es zeigte sich schon kurz nach seinem Amtsantritt, daß Althoff, obwohl nur einer von 48 vortragenden Räten, die überragende Persönlichkeit im Kultusministerium war, mit Einfluß und Wirkung bei allen Referaten. Althoff hat vier Ministern gedient, nämlich:

von Gossler
Graf von Zedlitz
Bosse
von Studt

25 Jahre gehörte Althoff der zweiten Abteilung an, in den letzten zehn Jahren war er ihr Abteilungsdirektor. Althoff strebte keine höhere Stellung an, wohl einer der entscheidenden Gründe dafür, daß ihn Minister und Unterstaatssekretäre so unbeschränkt und frei haben arbeiten lassen. Karrieregefahren drohten ihnen von Althoff nicht. So konnte Althoff 25 Jahre ohne Einschränkungen, nahezu eigenmächtig das Universitätsreferat in Preußen leiten.

Einfluß auf die deutsche Bildungspolitik

Seine Wirkung auf die deutsche Bildungspolitik kann nicht überschätzt werden. Bildungsfragen wurden im preußischen Staat nicht in parlamentarischen Ausschüssen nach ideologischen Zielen entschieden, sondern in kleinen „ad hoc" berufenen Fachgremien erörtert und im Wege der Verwaltungsanordnung oder, sofern auch diese entbehrlich erschien, durch Appell an die Einsicht der Betroffenen durchgesetzt. So bewährten sich auch hier Sachlichkeit und Effektivität preußischer Verwaltung.

Wer nach den Gründen sucht, warum bis 1914

- fast 40 % aller Nobelpreise an deutsche Wissenschaftler verliehen wurden
- 80 % der naturwissenschaftlichen Literatur in der Welt nicht in englischer, sondern in deutscher Sprache erschienen
- Deutschland im Gegensatz zu allen anderen Ländern so gut wie keine Analphabeten mehr kannte
- die deutschen Universitäten zum begehrten Ziel ausländischer Studenten wurden

- die deutsche medizinische Wissenschaft an der Weltspitze stand,

kann an seiner Exzellenz, dem Professor Dr. Friedrich Althoff, Geheimer Oberregierungsrat und Vortragender Rat, nicht vorbeigehen.

Im Deutschen Reich gab es 22 Universitäten, davon 11 in Preußen. Die Gesamtzahl der Studenten betrug

1871	18.000
1913	80.000

Kritiker warfen ihm vor, selbstherrlich regiert zu haben. Zu Unrecht. Althoff war entscheidungsfreudig, worauf seine Wirkung und seine Erfolge beruhten. Seinen Entscheidungen gingen umfangreiche und sorgfältige Recherchen voraus. Die gesammelten Informationen erörterte er mit seinen Mitarbeitern, und dann erst wurde entschieden. Ein Ausdruck dieser Arbeitsökonomie ist die von Althoff ins Leben gerufene und heute noch bestehende regelmäßige Konferenz der Universitätsrektoren. Aus den Konferenzprotokollen lassen sich die sachorientierte Arbeitsweise Althoffs und seine Führungsqualitäten ablesen. Männer, die ihre Verantwortungsscheu hinter der Entscheidung von Gremien verbergen, werden zu der Arbeitsweise Althoffs kaum Zugang finden. Auf persönliche Wirkung war der bescheidene Althoff nicht bedacht, seine innere Befriedigung bezog er aus der Verpflichtung zur Sache.

Seine größte Einflußmöglichkeit erfolgte über die Berufung der Professoren. Hier setzte Althoff den Hebel an. Er sah in den Universitäten Staatseinrichtungen, nicht eigenständige „Gelehrtenrepubliken", und bewegte sich mit dieser Auffassung in der Tradition des „Allgemeinen Preußischen Landrechts von 1794". Bei der eigenen Zuwahl

der Professoren durch die Fakultäten würde Konkurrenzangst zu oft die Vorschläge der Kollegen bestimmen und daher die Professorenauswahl negativ beeinflussen. Universitäten seien kein Selbstzweck, sie haben die Wissenschaften zu fördern und dem Staate Männer zu erziehen, die ihrem späteren Beruf gewachsen seien. Die Forschungsfreiheit der Universitäten blieb unter Althoff trotzdem unangetastet, er folgte auch weitgehend ihren Berufungsvorschlägen, die er jedoch im Vorfelde zu beeinflussen suchte. Nur in etwa dreißig von hundert Fällen ist Althoff den Wünschen der Fakultäten nicht gefolgt, zum Nutzen von Wissenschaft und Universität.
Großen Wert legte Althoff auf die pädagogischen Fähigkeiten der zu berufenden Professoren. Andererseits gewährte er auch Sonderbegabungen wie Paul Ehrlich, Robert Koch und Emil Behring trotz mangelhafter Dozentenfähigkeit seine ganze persönliche Protektion, indem er diese Männer vor der rüden und hochnäsigen Behandlung der Kollegen in Schutz nahm. Die Universität Marburg läßt sich heute nur ungern daran erinnern, daß ihr Emil von Behring von Althoff trotz heftigen Widerstandes aufgezwungen werden mußte.
Es war Althoffs Anliegen, die Wirkungen des Kulturkampfes und die Einflüsse der protestantischen Bildungstradition Preußens abzumildern. Bei gleicher fachlicher Qualifikation gab er daher katholischen Bewerbern bei den Universitäten Münster und Straßburg den Vorzug. Zu führenden Männern der Zentrumspartei unterhielt er freundschaftliche Beziehungen. In einem Brief an Friedrich Paulsen schrieb Althoff: „Ich habe in meinem Leben keine Hetze mitgemacht, keine Katholikenhetze und keine Judenhetze.“ Damit hing es zusammen, daß der

Anteil jüdischer Professoren an den preußischen Universitäten größer war als der jüdische Anteil an der Gesamtbevölkerung.

Trotz der Säkularisierung des Universitätswesens achtete Althoff darauf, daß der Universitätsprofessor in der öffentlichen Einschätzung eine achtunggebietende Persönlichkeit blieb, die Verkörperung wissenschaftlicher Autorität mit einem hohen sozialen Status.

Schwerpunktbildung und Neubauten

Die Zunahme der Studenten und die Ausweitung der Wissenschaft auf viele neue Gebiete erforderten erhebliche bauliche Investitionen an den Universitäten. Wie alles in Preußen unterlagen auch diese Aufgaben des Staates dem Zwang der Sparsamkeit, der Knute knapper Mittel. Parlamentsdebatten, in denen Interessengruppen aus eigensüchtigen Motiven das Wohl und Wehe des Staates und seinen inneren Frieden mit der Höhe bestimmter Etatposten verbanden, waren in Preußen nicht denkbar. Man richtete sich mit den Gegebenheiten ein. Althoff machte auch hier aus der Not eine Tugend, indem er zur Vermeidung doppelter Ausgaben Schwerpunkte an einzelnen Universitäten setzte. Dieser Politik verdankte die Universität Göttingen ihren internationalen Ruf als Mekka der Mathematik und der Physik, während die Berliner Universität als größte deutsche Universität schwerpunktmäßig zum Flaggschiff der geisteswissenschaftlichen Disziplinen ausgebaut wurde, so daß sich der Name dieser Universität mit Philosophie, Geschichte, Orientalistik, Rechtswissenschaft und Medizin verband. „Das geistige Leibregiment der Hohenzollern“, wie die Berliner Universität spöttisch genannt wurde. Eine weitere Idee Althoffs war die Gründung von Instituten und Seminaren, womit er vorsichtig den Schritt von der reinen Lehruniversität zur Ausbildungs- und Arbeitsuniversität vollzog. Die während seiner Amtszeit gegründeten Universitäten, Institute und Seminare sowie die hierfür errichteten Baulichkeiten und Bibliotheken sind kaum abzuschätzen: die Zahl von 300 dürfte die unterste Grenze sein.

Erwähnungswert sind ihrer Bedeutung wegen:

Universität Straßburg
Universität Münster
Universität Frankfurt
Technische Hochschule Charlottenburg (Berlin)
Technische Hochschule Danzig
Technische Hochschule Breslau

Handelshochschulen:

Leipzig, Köln, Frankfurt, Berlin, Mannheim,
München und Königsberg.

In diesem Zusammenhang wäre noch ein Blick auf die Technischen Hochschulen zu werfen. Kaiser Wilhelm II., dessen Persönlichkeit von der gehässigen Darstellung seiner äußeren und inneren Gegner bis zum heutigen Tage verdunkelt ist, gehört ebenfalls zu den herausragenden Bildungspolitikern des Deutschen Kaiserreichs. Den Kampf gegen die Traditionalisten unter den Professoren konnte Althoff nur mit dem Kaiser im Rücken bestehen, der die bildungspolitischen Voraussetzungen für den industriellen Fortschritt erkannte und daher den Technischen Hochschulen seine ganze Förderung angedeihen ließ. Althoff setzte den Universitätscharakter der Technischen Hochschulen durch und verlieh ihnen 1905 „sozusagen auf Befehl des Kaisers“ das Promotionsrecht. Hiergegen hatte sich der Gelehrtenstolz der klassischen Universitäten mit allen zu Gebote stehenden Mitteln gewehrt. Die Professoren, die hierdurch eine Beeinträchtigung ihrer sozialen Stellung befürchteten, gewannen sogar den damaligen Reichskanzler Fürst von Hohenlohe für ihr Anliegen, der „eine Entwertung des Doktortitels und der wissenschaftlichen Leistung“ durch die Gleichstellung der Technischen Hochschulen mit den Universitäten befürchtete.

Die Förderung der Medizin

Von keinem wissenschaftlichen Stande ist Althoff bis zum heutigen Tage mehr verehrt und anerkannt worden als von den Ärzten. Auf die Entwicklung der deutschen Medizin zur Weltgeltung hat Althoff den stärksten Einfluß ausgeübt. Kliniken und Ärzte haben ihm viel zu verdanken. Bereits als Universitätsreferent in Straßburg erkannte Althoff die Nützlichkeit klinischer Nähe zur Universität und umgekehrt. Mit der Verbindung von Klinik und Universität schuf er die Voraussetzung einer praktisch-wissenschaftlich geprägten modernen Medizin, die ihm nicht Selbstzweck war, sondern als Dienerin der Volksgesundheit jede Förderung verdiente. Wieder ließ sich Althoff nicht durch Mittelknappheit in seinen Vorhaben beirren. Dort, wo städtische und staatliche finanzielle Mittel am Ende waren, setzte er rigoros seine persönlichen Beziehungen ein, und es gelang ihm, in beträchtlichem Umfange privates Mäzenatentum zu mobilisieren.

Hierbei müssen wir berücksichtigen, daß der höchste Steuersatz 8 % betrug und sich daher – im Gegensatz zur Gegenwart – beträchtliche Mittel in den Händen der großen Unternehmer befanden. Gegen den Widerstand der Fakultät errichtete er den ersten Lehrstuhl für Hygiene an einer Universität und betraute Robert Koch mit dieser Aufgabe. Heute ist Hygiene ein klassischer Lehrstuhl an jeder medizinischen Fakultät. Das gleiche gilt für die Kinderheilkunde, der Althoff angesichts der hohen Kindersterblichkeit seine besondere Aufmerksamkeit schenkte. Auch dieser Lehrstuhl mußte gegen die Widerstände der Professoren durchgesetzt werden. Mit Otto Heubner holte er sich für diesen Lehrstuhl einen Mann, der noch heute international als der Klassiker auf dem Gebiet der Kinderheilkunde gilt.

Zur Bekämpfung der Volkskrankheiten wie Tuberkulose, Diphtherie, Scharlach, Geschlechtskrankheiten und Krebs initiierte er die Gründung von internationalen Gesellschaften, die grenzüberschreitenden Erfahrungsaustausch ermöglichten. Auf einem von der Stadt Charlottenburg kostenlos zur Verfügung gestellten Gelände wurde unter dem Protektorat der Kaiserin das Kaiserin-Auguste-Viktoria-Haus zur Bekämpfung der Säuglingssterblichkeit als erste derartige Anstalt in der Welt errichtet.

Mit Professor von Leyden gründete Althoff 1895 ein Komitee zur Errichtung von Heilstätten für Lungenkranke. Auch hierbei stellte sich die Kaiserin in den Dienst der Sache. Mit Hilfe einer testamentarischen Spende von über 1 Million Goldmark aus dem jüdischen Hause Bleichröder wurde die erste Lungenheilstätte in Beelitz bei Berlin errichtet. Die jüdischen Bankiers und die Industriellen gehörten neben seinem Freund Böttinger, dem Chemieindustriellen aus Elberfeld und späteren Aufsichtsratsmitglied der IG Farben, zu seinen Hauptspendern. Hygiene und Vorsorgemedizin baute Althoff in Deutschland zur Weltgeltung aus: Anerkennung und Dank drückten sich darin aus, daß die internationale Gesellschaft für Hygiene ihren Sitz in Berlin nahm.

Die Entwicklung der Serumtherapie unter Behring, die systematische Bekämpfung der Geschlechtskrankheiten – an der Charité wurde am 4. März 1905 unter Dr. Fritz Schaudinn der Erreger der Syphilis entdeckt –, die medizinische Betreuung der arbeitenden Bevölkerung: das alles wurde zu bahnbrechenden Unternehmungen, die Deutschland den Ruf der fortschrittlichsten Medizin einbrachten. „Die Deutschen bauen Krankenhäuser, die sie mit einem derartigen Aufwand von Ordnung und Komfort unterhalten, daß sie von allen Ländern Europas darum beneidet werden“, berichtete ein französischer Journalist im Jahre 1910.

Das berühmteste preußische Krankenhaus, die 1727 von Friedrich Wilhelm I. ausgebaute Charité, konnte den Anforderungen der neuzeitlichen Medizin und der wachsenden Bevölkerungszahl in Berlin nicht mehr genügen. Die Aus- und Umbaukosten wurden mit 10 Millionen Goldmark veranschlagt, eine Summe, die der preußische Finanzminister Miquel nicht bereitstellen konnte. Althoffs Erfindungsgabe bei der Beschaffung von Mitteln fand auch hier eine Lösung. Der mitten in Berlin an der Potsdamer Straße in Schöneberg gelegene Botanische Garten wurde auf ein Grundstück der staatlichen Domäne verlegt und auf diese Weise dringend gesuchtes Bauland für die rapide wachsende Hauptstadt erschlossen. Mit dem

Verkaufserlös von etwa 15 Millionen Goldmark erneuerte Althoff die Charité und errichtete in Dahlem einen neuen Botanischen Garten, dem er das Botanische Museum und das berühmte Pharmakologische Institut anfügte. So verdankte der Botanische Garten seine Existenz wie auch seine Weltbedeutung dem Wirken und Einsatz Althoffs. Seinem Wunsch, im Botanischen Garten begraben zu werden, hat der Stadtbezirk Steglitz mit Dankbarkeit entsprochen und diesem großen Mann ein würdiges Grabdenkmal gesetzt. In omnibus caritas.

Alle Spuren zu verfolgen, die dieser unermüdliche, mit 68 Jahren noch im Amt befindliche Mann hinterlassen hat, würde einen anderen Rahmen erfordern.

Schulkonferenz und Kaiser-Wilhelm-Gesellschaft

Zum Abschluß sollen daher nur noch zwei herausragende, bis in unsere Zeit nachwirkende Leistungen erwähnt werden:

1. die Schulkonferenz des Jahres 1900.
2. die Gründung der „Kaiser-Wilhelm-Gesellschaft zur Förderung der Wissenschaften“.

Nachdem die Schulkonferenz von 1890 trotz der persönlichen Anwesenheit des Kaisers ohne Ergebnis geblieben war, wurde sie 10 Jahre später auf Bitten des Kaisers von Althoff vorbereitet. Neben anderen Themen, wie Sport und freie Fächerwahl, ging es in erster Linie um die Gleichstellung des Realgymnasiums und der Realschule mit dem Gymnasium. Sollen die Reifezeugnisse beider Schultypen den Zutritt zur Universität ermöglichen, wie es von Althoff und dem Kaiser befürwortet wurde? Mit einer Petition des Frankfurter Oberbürgermeisters Adickes hat Althoff für die als notwendig erachtete Breite seines Anliegens gesorgt. Dank seiner ausgezeichneten Regie lag die Antwort schon nach drei Konferenztagen vor. Kurz und klar, ohne ideologische Phrase. Die Teilnehmer der Konferenz bestanden aus 34 Fachleuten, unter ihnen: Harnack, Mommsen, Koser, Emil Fischer und Virchow. Das Gymnasialmonopol fiel. Da in Preußen Bildungsziele, Schulorganisation und Schulberechtigung nicht vom Parlament, sondern von der Unterrichtsverwaltung festgelegt wurden, mußte Althoff die Widerstände, die von den humanistischen Bildungsmonopolisten kamen, im Verwaltungsweg ausmanövrieren. Die Beschlüsse dieser Konferenz behielten ihre Wirkung bis zu den Rahmenvereinbarungen der Kultusministerkonferenz von 1960, dem Beginn des Verfalls des deutschen Bildungssystems.

Zum 100jährigen Bestehen der Berliner Universität, zwei Jahre nach dem Tode Althoffs, verkündete der Kaiser die Stiftung der „Kaiser-Wilhelm-Gesellschaft zur Förderung der Wissenschaften“. In der Naturwissenschaft hatte die Überbürdung der Professoren durch Lehre und Forschung Althoff schon seit Jahren Sorge bereitet, und Wilhelm II. erwähnt daher in seinen Memoiren, daß Ministerialdirektor Althoff diese Situation mit klarem Verständnis erfaßt und die Schaffung der Kaiser-Wilhelm-Gesellschaft vorgeschlagen habe. Althoff hat die Statuten entworfen, die Gründung aber nicht mehr erlebt. Professor Harnack, Ordinarius für Kirchengeschichte in Berlin, hat als erster Präsident die Organisation und Leitung der Gesellschaft übernommen. Ihr legendärer Ruhm auf naturwissenschaftlichem Gebiet war Grund genug, nach dem Krieg wenigstens ihren Namen auf den Müllhaufen unserer Geschichte zu werfen. Sie mußte sich in „Max-Planck-Gesellschaft“ umbenennen.

Schlußbemerkung

Vieles in dieser kurzen Lebensübersicht konnte nicht erwähnt werden. Nicht die Kämpfe, nicht die Ablehnungen und Zustimmungen, die Gegnerschaften und die vielen Freundschaften. Althoff war ein Kind seiner Zeit, geprägt von einem liberal-konservativen Hintergrund. Nicht allein Sachverstand, sondern sprichwörtliche Güte und Fürsorge bestimmten sein Handeln. Mit der Brechung des humanistischen Bildungsmonopols in Schule und Universität ebnete er weitere Standesunterschiede ein und eröffnete einer breiten Mittelschicht den sozialen Aufstieg. Gedanken seiner Mitarbeiter, Einrichtungen des Auslandes, Gespräche mit Politikern, Beamten und Professoren gaben ihm Anregungen, auf die er angewiesen war. Stets aber blieb er der entscheidende Umsetzer, derjenige, der die Anstöße gab, auch wenn er seinen Mitarbeitern häufig Vortritt und Ruhm überließ.
Althoffs Liberalität und Toleranz waren von konservativer Lebenssicht geprägt, die sich auf Treue zu den überlieferten Werten europäischer Kultur gründete. Althoff war Pragmatiker, kein Weltverbesserer. Sozialer Fortschritt bedeutete für ihn nicht Umwälzung staatlicher Institutionen, sondern unablässiges Bemühen um die Verbesserung der Lebensbedingungen des einzelnen. Hierzu forderte er die Ausweitung staatlicher Verantwortung.

Wir sollten es bedauern, daß Männer wie Althoff in unserer geschichtlichen Erinnerung nicht den Platz einnehmen, der ihnen zukommt.

Nachwort

Mein Großvater entstammte „ganz kleinen Verhältnissen" in Masuren (Ostpreußen). Trotzdem konnten er und sein Bruder das Gymnasium und die Universität besuchen. Beide Lehreinrichtungen waren damals gebührenpflichtig. Unter stärksten persönlichen Einschränkungen hatten es die Eltern geschafft, ihren Söhnen diese Ausbildung zu ermöglichen. Ob eine solche Lebensaskese bei Eltern zugunsten ihrer Kinder heute noch auf Verständnis stoßen würde, ist zu fragen. Obwohl mein Großvater – aus damaliger Sicht – zu einer unterprivilegierten Schicht gehörte, war er ein überzeugter Monarchist. Die Bilder seiner drei Kaiser hingen ohne Unterbrechung bis zu seinem Tode 1968 über seinem Schreibtisch. Das Kaiserreich hatte ihm den sozialen Aufstieg ermöglicht. Schon mit 28 Jahren bekleidete er eine beamtete Spitzenstellung in der Reichshauptstadt. Wenn mein Großvater über seinen Lebens- und Leidensweg, seine Erfahrungen und seine Begegnungen sprach, habe ich ihm stets mit großer innerer Anteilnahme zugehört. Hier könnten die Wurzeln dafür liegen, daß ich das Verdikt der Siegermächte über unsere Kaiserzeit aus Überzeugung ablehne. Das gilt auch für die in der historischen Literatur oft vertretene These, die Herrschenden fürchteten bei einer Staatsveränderung den Verlust ihrer Macht. Richtig ist dagegen, daß sich die Konservativen bei zunehmender Agitation und Demagogie um die Qualität von Regierung und Verwaltung sorgten.

Als ich mich als persönlich haftender Gesellschafter im Dezember 1994 von meinem Unternehmen verabschiedete, um in den Aufsichtsrat zu wechseln, habe ich in meiner Abschiedsrede unter anderem gesagt: „Die Geschichte unseres Volkes in den letzten 80 Jahren ist unsäglich tragisch verlaufen, und wo Tragik ist, muß, wie Thomas Mann sagt, Liebe sein. Diese Liebe bringe ich unserem Volk entgegen. Daß die Wiedervereinigung zum schönsten Tag meines Lebens wurde, werden diejenigen verstehen, die meine Reden und Aufsätze zur Wiedervereinigung in den letzten 30 Jahren kennen. Unerschütterlich habe ich daran festgehalten, daß die Wiedervereinigung, von der nationalen Frage abgesehen, friedenspolitisch notwendig und wirtschaftlich unausweichlich war."

Das Bild, das sich bei mir von den letzten 100 Jahren unserer Geschichte geformt hat, entspricht nicht der opinio communis. Meine Mitgliedschaft in der Arbeitsgemeinschaft zur Preußischen Geschichte gab mir viele Anregungen, das gilt auch von den Tagungen der Historischen Kommission zu Berlin. Auch wenn ich für mein historisches Urteil allein verantwortlich bin, verdanke ich viele kritische Anstöße den Gesprächen mit befreundeten Historikern und dem ständigen Gedankenaustausch mit meinem Schulfreund Hans-Joachim Knaute.

Meine Sekretärin, Frau Monika Karches, mit der ich seit über 19 Jahren zusammenarbeite, verdient für ihre Geduld, meine Manuskripte zu übertragen und Ordnung in die Papierberge zu bringen, ein herzliches Dankeschön.

Ein Unternehmen erfolgreich zu führen und sich zusätzlich mit historischen Studien zu befassen, bedeutet eine doppelte zeitliche Belastung, die meine Frau mit Verständnis und großer Liebe mitgetragen hat. Dafür danke ich ihr ganz besonders.

Berlin, 15. Januar 1998 Ehrhardt Bödecker

V.
ANHANG
zu den Seiten 21 bis 157

Literaturauswahl
Personenregister

Literaturauswahl

Aubin, Hermann/Zorn, Wolfgang, Handbuch der deutschen Wirtschafts- und Sozialgeschichte, Band 2, Stuttgart 1976

Balfour, Michael, Der Kaiser Wilhelm II. und seine Zeit, Berlin 1973

Barth, Karl, Offene Briefe 1945–1968, Zürich 1984

Baumgart, Winfried, Deutschland im Zeitalter des Imperialismus 1890-1914, 4. Auflage, Stuttgart 1982

Baumgart, Winfried, Das Zeitalter des Imperialismus und des Ersten Weltkrieges (1871–1918), Quellenkunde zur deutschen Geschichte der Neuzeit, Darmstadt 1977

Becker, Carl Heinrich, Kulturpolitische Aufgaben des Reiches, Leipzig 1919/20

Biel, Wolfdieter, Deutsche Quellen zur Geschichte des Ersten Weltkrieges, Darmstadt 1991

Blaicher, Günther, Das Deutschlandbild in der englischen Literatur, Darmstadt 1992

Britische amtliche Dokumente über den Ursprung des Weltkrieges 1898-1914, deutsche Ausgabe Berlin 1926–1938

Brocke, Bernhard vom (Herausgeber), Wissenschaftsgeschichte und Wissenschaftspolitik im Industriezeitalter, Hildesheim 1991

Brüning, Heinrich, Memoiren 1918–34, Stuttgart 1970

Bühler, Johannes, Vom Bismarckreich zum geteilten Deutschland, Berlin 1960

Burckhardt, Jacob, Über das Studium der Geschichte, München 1982

Butterfield, Herbert, Sir Edward Grey im Juli 1914, Darmstadt 1972

Caron, François, Frankreich im Zeitalter des Imperialismus 1851–1918, Stuttgart 1991

Chamberlain, Houston Stewart, Die Grundlagen des 19. Jahrhunderts, 29. Auflage, München 1944

Churchill, Winston Spencer, Die Weltkrise 1911-1918, Zürich 1947

Creel, George, German lies about Versailles, American Mercury 1943

Creel, George, The press: The greatest power in the land, Mentor 1921

Cushman, Robert Eugene, Leading constitutional Decisions, 9th edition, New York 1950

Der Vertrag von Versailles, München 1978

Dresdner Bank, Die wirtschaftlichen Kräfte Deutschlands, Berlin 1914

Erdmann, Karl Dietrich, Der Erste Weltkrieg, in: Gebhardt-Handbuch der deutschen Geschichte, München 1980

Erdmann, Karl Dietrich, Die Weimarer Republik, in: Gebhardt-Handbuch der deutschen Geschichte, München 1980

Fischer, Fritz, Griff nach der Weltmacht, Düsseldorf 1977

Fischer, Wolfram u. a. (Herausgeber), Handbuch der europäischen Wirtschafts- und Sozialgeschichte, Band 6, Stuttgart 1987

Fontane, Theodor, Politik und Geschichte, München 1969

Fontane, Theodor, Der Krieg gegen Frankreich 1870–1871, Zürich 1985

Freud, Sigmund/Bullitt, William C., Thomas Woodrow Wilson, London 1967

Fröhlich, Michael/Pommerin, Reiner (Herausgeber), Quellen zu den deutsch-amerikanischen Beziehungen 1776–1917, Darmstadt 1996

Gall, Lothar (Herausgeber), Bismarck: Die großen Reden, Berlin 1981

Große Politik der europäischen Kabinette 1871–1914 (Akten des deutschen Auswärtigen Amtes), Berlin 1922–1927

Guggisberg, Hans R., Geschichte der USA, 3. Auflage, Stuttgart 1993

Hardach, Gerd, Der Erste Weltkrieg 1914–1918, München 1973

Herte, Robert de/Nigra, Hans-Jürgen, Die USA. Europas mißratenes Kind, München 1979

Herzfeld, Hans, Der Erste Weltkrieg, München 1979

Hillgruber, Andreas, Die Zerstörung Europas, Berlin 1988

Hinrichs, Karl, Friedrich Wilhelm I., Darmstadt 1974

Hitler, Adolf, Mein Kampf, München 1933

Hölzle, Erwin, Die Selbstentmachtung Europas, Frankfurt 1975

Hölzle, Erwin, Quellen zur Entstehung des Ersten Weltkriegs, Darmstadt 1978

Huber, Ernst Rudolf, Deutsche Verfassungsgeschichte, Band 5, Stuttgart 1978

Huret, Jules, Berlin um Neunzehnhundert, Berlin 1997

Junker, Detlef, Von der Weltmacht zur Supermacht, Mannheim 1995

Kastendiek, Hans (Herausgeber), Großbritannien: Geschichte, Politik, Wirtschaft, Gesellschaft, Bonn 1994

Kennan, George F., The decline of Bismarck's European order, New Jersey 1979

Kettenacker, Lothar (Herausgeber), „Das Andere Deutschland" im Zweiten Weltkrieg, Stuttgart 1977

Kielmansegg, Peter Graf, Deutschland und der Erste Weltkrieg, 2. Auflage, Stuttgart 1980

Krüger, Peter, Versailles, München 1993

Lansing, Robert, A war of self-defense, war information series 5, Washington D.C. 1917

Le Bon, Gustave, Psychologie der Massen, 15. Aufl., Stuttgart 1982

Lutz, Hermann, Eyre Crowe, der böse Geist des Foreign Office, Stuttgart 1931

Lynar, Ernst W. Graf (Herausgeber), Deutsche Kriegsziele, 1914–1918, Berlin 1964

Matuz, Josef, Das Osmanische Reich, 1. Aufl., Darmstadt 1985

Meyers Konversations-Lexikon, 5. Auflage, 17. Band, 1897

Michalka, Wolfgang (Herausgeber), Der Erste Weltkrieg, München 1994

Mosberg, Helmuth, REeducation, München 1991

Nachmansohn, D./Schmidt, R., „Die große Ära der Wissenschaft in Deutschland 1900 bis 1933“, Stuttgart 1988

Neutrale Komitees und Gelehrte über die Schuld am Weltkriege 1914–1918, Berlin 1928

Nicolson, Harold, Die Verschwörung der Diplomaten, Frankfurt 1930

Niedhart, Gottfried (Herausgeber), Das kontinentale Europa und die britischen Inseln, Mannheim 1993

Niedhart, Gottfried, Geschichte Englands im 19. und 20. Jahrhundert, München 1987

Nipperdey, Thomas, Deutsche Geschichte 1866–1918, München 1993

Owen, Robert L., Russian imperial Conspiracy 1892–1914, New York 1927

Riezler, Kurt, Tagebücher, Aufsätze, Dokumente, herausgegeben von Karl Dietrich Erdmann, Göttingen 1972

Russell, Bertrand, Freiheit und Organisation 1814–1914, Berlin 1948

Sanders, Michael/Taylor, Philip M., British Propaganda during the First World War, London 1982

Schöllgen, Gregor (Herausgeber), Flucht in den Krieg?, Darmstadt 1991

Schrenck-Notzing, Caspar, Charakterwäsche, Stuttgart 1965

Schunck, Peter, Geschichte Frankreichs, München 1994

Schwabe, Klaus, Woodrow Wilson, Göttingen 1971

Seeley, John Robert, Die Ausbreitung Englands, Berlin 1954

Soutou, Georges-Henri, L'Or et le sang. Les buts de guerre économiques de la Première Guerre mondiale, Paris 1989

Steglich, Wolfgang, Die Friedenspolitik der Mittelmächte 1917/18, Wiesbaden 1964

Steglich, Wolfgang (Herausgeber), Die Friedensversuche der kriegführenden Mächte im Sommer und Herbst 1917, Quellenkritische Untersuchungen, Stuttgart 1984

Stökl, Günther, Russische Geschichte, Stuttgart 1990

Stürmer, Michael (Herausgeber), Das kaiserliche Deutschland, Kronberg 1977

Suchomlinow, Wladimir Alexandrowitsch, Erinnerungen, Berlin 1924

Treitschke, Heinrich von, Deutsche Geschichte, Band 4, Leipzig 1897

Vaughn, Stephen L., Holding fast the inner lines, University of North Carolina 1980

Weber, Max, Soziologie, Universalgeschichtliche Analysen, Politik, Stuttgart 1973

Wolff, Theodor, Tagebücher 1914–1919, 1. und 2. Teil, herausgegeben von Bernd Sösemann, Boppard am Rhein 1984

Zechlin, Egmont, Krieg und Kriegsrisiko, Düsseldorf 1979

Personenregister